Integridad & Pureza

Dr. Jose Zapico

JVH

PUBLICATIONS

Nuestra Visión

Alcanzar las naciones llevando la autenticidad de la revelación de la Palabra de Dios, para incrementar la fe y el conocimiento de todos aquellos que lo anhelan fervientemente; esto, por medio de libros y las redes digitales.

Publicado por
JVH Publications
14900 SW 30th St. Unit 277566
Miramar, FL 33027
Derechos reservados

© 2025 JVH Publications (Spanish edition)
Primera Edición 2025
© 2025 Jose Zapico ©
Todos los derechos reservados.
ISBN 1-59900-169-1

Diseño de la portada e interior: Esteban Zapico y Lidia Zapico
Revisión y corrección: Ps. Lidia Zapico
Impreso en USA (Printed in USA)
Categoría: Vida Cristiana/Llamado y Vocación

Índice

INTRODUCCIÓN

El propósito de este Libro, es revelar por la Palabra de Dios, un mensaje profundo y claro, tanto para pastores como líderes de diferentes iglesias, demarcando la importancia de la integridad, pureza y santidad, en el cual cada hijo de Dios debe de tener para llevar a cabo su llamado hasta el fin.

También quiero ayudar a los jóvenes aspirantes al ministerio, a saber cuáles son las amenazas que cada día se enfrentan atacando su fe y cómo superarlas; en un mundo, cada vez más oscuro y sutil. Para eso es importante que cada cristiano guarde las áreas más vulnerables para no dejar puertas abiertas ni dar ventaja al enemigo. Es importante conocer las herramientas que el Espíritu Santo te da para hacer frente a los oponentes que resisten tu fe, para usarlas y salir victorioso en todo momento. Este libro no solo te ayudará a ti personalmente sino que lo podrás usar como una herramienta para bendecir amigos que están cautivos en sus ojos volviéndose cada vez más dependientes del sistema digitalizado y tecnológico.

En estos tiempos difíciles y oscuros en el cual tanto líderes como miembros regulares del cuerpo de Cristo, necesitan comprender cuán importante es vivir bajo pureza y santidad para tener una correcta relación con Dios. Basado en el Salmo 24, "¿Quién subirá al monte de Jehová? ¿Y quién estará en su lugar santo?" te hará reflexionar en esta pregunta impactante: ¿Quién? Para que puedas entender la necesidad de acercarte más a Dios. Amar la santidad implica una vida conectada a la obediencia, siendo fieles totalmente al Señor. Esta relación no ilusoria sino real, será de ayuda a tu mente renovada y corazón puro para obtener un correcto resultado de una vida rendida totalmente a Dios.

En un mundo en donde la tecnología es empujada cada vez más al extremo por la inteligencia artificial, es importante entender las escrituras y aplicar lo que éstas te indican para tu vida. Los mandamientos divinos no fueron establecidos para limitarte, sino al contrario, para hacerte libre del pecado y la perversión que sólo lleva a la ruina y eventualmente, a la muerte.

Manos limpias, mente renovada, agradando a Dios, un corazón dispuesto a servirle y glorificando al Señor con tu cuerpo. No solo estarás listo para cuando Él te llame, si no para tener una puerta abierta entrando en su presencia por la eternidad.

CAPÍTULO 1

Llamados a Vivir en Integridad

Integridad y Su Significado Desde Una Perspectiva Bíblica

2 Timoteo 2:22 RVR1960
... sigue la justicia, la fe, el amor y la paz, con los que de corazón limpio invocan al Señor.

Desde la perspectiva bíblica, la integridad se define como la cualidad de ser completo, íntegro y sincero, tanto en pensamientos, palabras como en acciones, reflejando un compromiso total con Dios y sus principios. Implica vivir de acuerdo con la verdad revelada en la Palabra de Dios, sin importar las circunstancias o consecuencias. El concepto bíblico de integridad se puede desglosar en varios aspectos. La integridad conlleva que no hay división entre lo que se cree, se dice y se hace, no hay máscaras ni hipocresía.

Permítanme definir la palabra "integridad." En inglés nos dice que integridad significa una condición intachable, quiere decirse fiable. La palabra hebrea que se traduce integridad es /tom/ y significa: **ser completo o sólido, sencillez,** también forma parte del pectoral del sumo Sacerdote.

Salmo 78:72 *RVR1960*
...Y él los pastoreó según la integridad de su corazón, y los guio con la destreza de sus manos.

La integridad es rectitud y honestidad.

Integridad significa ausencia de duplicidad y es lo opuesto de la hipocresía. Si usted es una persona de integridad hará lo que dice. Lo que usted declara ser, hará lo mejor que pueda para serlo. Una persona de integridad no manipula a otras. No se inclina a la arrogancia o alabanza propia. La integridad se manifiesta en la sinceridad y la verdad en todas las relaciones, incluyendo las conversaciones, los tratos y las promesas.

- Uno tiene integridad si termina un trabajo aun cuando nadie esté mirando.
- Uno tiene integridad si guarda su palabra aun cuando nadie lo verifique.
- Uno tiene integridad si cumple sus promesas.
- Adherencia a los principios divinos.
- La integridad también incluye responsabilidad financiera, confiabilidad personal y pureza privada.
- Integridad se basa en la Palabra de Dios, reconociendo que Él es la fuente de la verdad y el estándar para la moralidad.

Compromiso con Dios:
Vivir con integridad es un reflejo del compromiso total con Dios, buscando agradarle en todas las áreas de la vida.

Resistencia a la corrupción:
La integridad implica resistir la tentación de actuar en contra de los principios divinos, incluso cuando hay presión para hacerlo.

Purificación del corazón:
La integridad requiere un corazón limpio y sincero, libre de motivos ocultos y deseos egoístas. Sin ir más lejos el Apóstol Pablo habla de su integridad y sinceridad en el ministerio, contrastándola con la deshonestidad y la astucia que estaba latente en el ambiente.

Es mucho más que simplemente ser honesto; es un estilo de vida que refleja un compromiso profundo con Dios, basado en la verdad y la sinceridad en todas las áreas de la vida.

Una frase que puede funcionar para mostrar más claramente el significado último del concepto, es el siguiente: *"era una persona admirada por todos y especialmente por una gran cualidad que poseía, su integridad, que lo hacía ser equilibrado, honesto, justo y ante todo defensor de las injusticia."*

Puede hablarse por ejemplo de la integridad moral.
Ésta se reconoce como una cualidad humana, que le da, a quien posee la autoridad para decidir y resolver por sí misma cuestiones vinculadas a su propio accionar. En este caso con el citado concepto de integridad moral lo que viene a establecerse, es

la persona en cuestión, sea defensora de sus derechos, pensamientos, ideas, basándose en sus creencias mostrándolo en sus comportamientos. Esta cualidad humana otorga a la persona la capacidad de decidir sobre su propio accionar. Por otra parte, la integridad personal permite nombrar a la totalidad de las aptitudes que puede llegar a reunir un ser humano. La integridad moral supone defender derechos, ideas y creencias que orientan las acciones.

Sinónimos de Integridad

La palabra "integridad" implica rectitud, bondad, honradez; alguien en quien se puede confiar; sin mezcla extraña; lo que expresa, significa eso. Cuando hace una promesa tiene la intención de cumplirla. Otros sinónimos son: moralidad, decencia y pureza.

¿Cómo tú puedes vivir correctamente?

Siguiendo las convicciones espirituales diariamente, haciendo esto no te arrepentirás.

¿Qué implica vivir una vida íntegra?

Reflexionar sobre tus valores constantemente, y verificar tus alternativas con la Palabra de Dios y cuando sea apropiado, hablar de ello. Esto no solo refuerza los valores de una persona, sino que también aporta seguridad y responsabilidad a la vida. Cuando las convicciones se enfrentan a los impulsos, puede surgir un conflicto; mientras todo transcurre según lo planeado, resulta sencillo actuar conforme a dichas convicciones.

La gente espiritual y que vive en integridad hace lo correcto, sin importar cómo se siente.

No vas tanteando hacia la realización de lo que es correcto; primero actúas, haciéndolo como lo entendiste en la Biblia y consistentemente los sentimientos encajarán después. Normalmente esto no implica algo drástico; las decisiones más difíciles son las que hay que hacer cada día. El carácter se construye como un muro, piedra a piedra. Puede parecer que las personas *"hechas y derechas"* que viven en integridad sean las últimas para llegar a la meta, pero esto es porque "corren" en una "carrera" diferente, y con una meta distinta. "Correr" esta "carrera" implica pararte con frecuencia para examinar tu vida y orar como hizo el rey David.

Salmo 139:23-24 RVR1960
Examíname, Dios, y conoce mi corazón; pruébame y conoce mis pensamientos. Ve si hay en mí camino de perversidad y guíame en el camino eterno.

Sería apropiado que hoy puedas hacer esta petición a Dios, y vivir en la integridad que le has pedido. Recuerda: Dios se agrada de los justos y los íntegros de corazón.

¿Eres Transparente con los demás o te dejas arrastrar por la falsedad? ¿Aparentas ser una cosa delante de la gente y detrás de ellos eres otra? Lamentablemente la integridad escasea en muchas personas, de hecho es algo que se muestra cuando estás a solas o pasando momentos de prueba. Por el contrario, la falta de integridad es la puerta que se abre uno mismo al engaño, trayendo por consecuencia una confusión mental. Tomar actitudes superficiales producen deterioros en los diferentes aspectos de la vida. Lo cual pueden provocar decadencia espiritual. Si se analiza sinceramente la falta de integridad, lo que has emprendido, no te ha salido bien.

Salmos 101:2 RVR1960
Entenderé el camino de la perfección cuando vengas a mí. En la integridad de mi corazón andaré en medio de mi casa.

Nunca vas a poder ser una persona transparente, recta e integra si Dios no es quien controla tu vida. Tampoco podrás entender la necesidad de caminar agradando a Dios, si antes no es Él quien guía tus pasos y no podrás ser una persona estable sin variación al menos que sea Dios por medio de su Santo Espíritu quien te guie a toda verdad. David decía *"en la integridad de mi corazón andaré en medio de mi casa."*, por la sencilla razón de que en la casa estás solo y nadie te ve solo tu familia, es allí donde manifiestas lo que realmente eres.

Muchos en la congregación, delante de los pastores, de amigos aparentan ser apacibles, amables, humildes, amorosos, pero, cuando llegan a sus casas viven discutiendo, peleando con su conyugue, criticando a los demás; haciendo cosas las cuales violan los principios de integridad.

Por la falta de Integridad se pierde el favor de Dios y se defrauda aquel que nunca te ha desengañado.

Tal vez has vivido durante mucho tiempo bajo apariencias, lo cual te lleva hacer cosa fuera de lugar, simplemente para que te acepten, pero, al salir de ese entorno y estar otra vez frente a ti mismo, solo te das cuenta que tu falsedad te ha engañado a ti mismo. Aunque no seas perfecto, puedes andar en el camino hacia la perfección porque Dios ha venido a morar en ti y es por ello que debes andar en integridad y transparencia donde quiera que estés.

Tú has sido llamado a marcar la diferencia.

Conozco gente la cual es usada por Dios que tienen ministerio, dones, talentos, mas no son íntegros, viven criticando, hablando mal de otros, desacreditando a líderes espirituales. No son transparentes en lo que hacen. El evangelio es rechazado y ha sufrido por causa de aquellos que no practican el mensaje que predican, hablan de verdad y viven en mentira, hablan de paz, pero viven haciéndole la guerra a los demás. Tu estas llamado a marcar vidas, familias y ciudades, a través de la integridad, pero antes de que eso suceda, tienes que lograrlo dentro de ti. Porque hay un mundo corrupto y lleno de falsedad por lo cual fuimos llamados a marcar la diferencia.

¡Hoy es el día de renunciar a toda falsedad!

Hoy es el día de deshacerse de toda doble identidad. Hoy es el día de pararte firme y vivir una vida transparente, cueste lo que cueste. Hoy me uno a todos los que creen que Dios va a levantar una generación que marque la diferencia. Gente que le importa el concepto y solo la aprobación divina y no la humana, gente que entiende la necesidad de caminar en la verdad.

La Lucha por la Integridad es cada vez mayor.

Debo decirles que me siento preocupado respecto a cómo se ven las cosas en nuestro mundo y más dentro de las familias cristianas. La principal batalla tiene que ver con una palabra, un concepto. La batalla tiene que ver con la integridad. En esta nación, y en la iglesia cristiana, ha habido una caída, un desmoronamiento y una concesión de ello.

La integridad es como una roca.

No se resquebraja cuando está por sí sola, ni se desmorona, aunque la presión aumente. La integridad hace que uno no tema ser examinado a la luz de la Palabra de Dios, aceptando los principios divinos, sin doblegarse ni rendirse antes las mentiras del enemigo.

Proverbios 20:7 RVR1960
Camina en su integridad el justo, sus hijos son dichosos después de él.

Esto es lo que se puede llamar la huella digital del padre sobre los hijos. Bienaventurado eres tú si has tenido un padre de integridad. Cuando tú trabajas con integridad, honras al Señor Jesucristo. Es fácil ver el daño que puede hacer un hombre sin principios.

¿Estas engañando a tu cónyuge? Algunos tienen la audacia de hacer esas cosas y se llaman cristianos. Con razón el mundo está confundido, volviéndose renuente e incrédulo para que escuchar a muchos que no viven en la integridad de sus vidas cristianas.

¿Quieres tu sorprender e impactar al mundo? Comienza aquí demostrando determinación para hacer lo correcto cuando nadie está mirando. Exige valor real mantenerse firme con integridad en una cultura debilitada por la hipocresía. Mas atrévete a comenzar hoy mismo.

Algunas características de la Integridad
1. Sé persistente como Bartimeo.
2. Sé solidario y Buen Samaritano con tus semejantes.
3. Ten una posición vertical aún en medio de la crisis (así como Daniel tuvo profundas convicciones y se mantuvo firme cuando decía sí o no.)

4. Tienes que ser un constructor de murallas espirituales y edifica siempre para la gloria de Dios como Esdras y Nehemías.

5. Tienes que ser manso y humilde cual Moisés.

6. Camina tomado de la mano de Dios como Enoc.

7. Tienes que ser hallado ante Dios como justo e íntegro tal como Noe y Abraham.

8. Atrévete a ser buen amigo y fiel, así como Jonathan y David.

9. Reconoce tus pecados y fallas, humillándote ante Dios, reconociendo que necesitas de Él, así como el publicano.

CAPÍTULO 2

Tu Identidad
Cristiana

Pregúntate a ti mismo: ¿Quién soy yo? ¿Cuál es mi posición como cristiano? ¿Cuáles son mis beneficios? O sea, lo que eres en Cristo, lo que tienes y puedes ser en Él. Si te preguntaras en este momento: ¿si yo muriera en este instante, donde pasaría el resto de la eternidad? Si tu respuesta es: No lo sé y dices ser cristiano, entonces tienes un problema de identidad. Y si tu respuesta es: No lo sé y aún no conoces a Jesús como Salvador y como tu Señor, entonces tienes razón de preocuparte en donde pasaras la eternidad.

El Valor de la Identidad

Tu identidad es algo muy valioso, si no sabes quién eres, entonces no sabrás cuáles son los planes de Dios para tu vida. Como cristiano nacido de nuevo, tienes una nueva identidad, con un propósito y un destino; pero el enemigo se ha encargado de distorsionar esa identidad con sus mentiras y falsas creencias, anulando así, toda efectividad y poder en tu vida. Es evidente que Satanás continúa atacando esa área de la vida del creyente porque sabe que mientras más desconozca tu identidad, más cerca estará del fracaso.

Significados de la Identidad

Se define la palabra Identidad como: "cualidad de

idéntico." Idéntico significa: "Igual" o "lo mismo." La verdadera identidad no proviene de lo que soy o lo que he logrado, sino de lo que Dios ha hecho en mí. (Filipenses 3:4-9). Mientras el mundo me da una identidad específica y se basa en: ¿Quiénes son mis padres?, ¿Qué nacionalidad tengo?¿Qué profesión o trabajo realizo? La Biblia declara que sin Cristo éramos:

Según Efesios 2:1-3:
- Hijos de desobediencia.
- Hijos de ira.
- Hacían la voluntad de la naturaleza caída.

Por tal razón debes estar seguro de tu nueva identidad en Cristo Jesús.

Efesios 2:13 RVR1960
Pero ahora en Cristo Jesús, vosotros que en otro tiempo estabais lejos, habéis sido cercanos por la sangre de Cristo.

Una de las cosas con la que más lucha el cristiano, es con el desafío de creer y saber la verdadera identidad, que tiene en Cristo. Esto tiene que ver con tres preguntas, que debes responder. Si las contestas bien sabes correctamente cuál es tu identidad.

1. ¿Quién Soy?
Piénsalo bien porque la gente está muy confundida a la hora de responder, no muchos logran

contestarla o lo hacen mal, pero si sabes responderla entonces estás bien orientado respecto a tu identidad. Saber quién eres es esencial para tener una vida de victoria en Cristo.

2. ¿De Dónde Vengo?

Esto tiene que ver con tu pasado y con el cambio efectuado al conocer la Salvación. Si sabes de dónde te sacó el Señor, entonces sabes en donde te puso y cuál es tu posición ahora como Hijo. Una identidad bien definida.

3. ¿A Dónde Voy?

Al referirse a tu futuro, tiene que ver con tu destino. ¿Conoces tu destino? ¿Sabes bien a dónde vas? Quien conteste a estas tres preguntas correctamente está perfectamente ubicado en la vida espiritual, sabes para qué te llamó Jesucristo, y el propósito Divino en tu futuro.

Identidad Virtual Vs. Identidad Real

Juan 8:14 RVR1960

Respondió Jesús y les dijo: Aunque yo doy testimonio acerca de mí mismo, mi testimonio es verdadero, porque sé de dónde he venido y a dónde voy; pero vosotros no sabéis de dónde vengo, ni a dónde voy.

Este pasaje bíblico muestra que Jesús sabía bien quién era, ¿por qué? Jesús era consciente de dónde venía y a dónde iba. Porque mientras mantenía una conversación con sus discípulos les preguntó quién decía la gente que era él, entonces los discípulos le respondieron que algunas personas señalaban que era Jeremías, otros que era Juan el Bautista, otros pensaban que era Elías. Y el Señor les pregunta: Y vosotros, ¿quién decís que soy yo? *Respondiendo Simón Pedro, dijo: Tú eres el Cristo, el Hijo del Dios viviente.* Mateo 16:16.

Si sabes la respuesta correcta tú tendrás una correcta identidad. Todos hablaban lo que otros habían opinado de Él, pero Jesús quería ponerlos a prueba para saber que intensidad de revelación habían alcanzado acerca de su persona. ¿Conoces a Jesús íntimamente para dar una respuesta correcta a esta pregunta?

Mateo 16:17 RVR1960
Entonces le respondió Jesús: Bienaventurado eres, Simón, hijo de Jonás, porque no te lo reveló carne ni sangre, sino mi Padre que está en los cielos.

Jesús sabía bien que Él era el Hijo del Dios viviente tal como lo dijo Pedro. Si le preguntas a Jesús quién es, Él te responderá: Yo soy el Cristo, el hijo del Dios viviente. Yo sé bien quién soy. ¿Cuál es tu objetivo en la vida, ahora que conoces a Cristo?

Es importante que conozcas tu identidad.

Pero también, hay una identidad que tiene que ver con lo que tú piensas que eres, con lo que tus padres o la gente piensan de ti, y esto realmente se podría llamar una especie de identidad virtual.

Lo que tú piensas de ti mismo puede limitar las posibilidades de lo que debes o puedes hacer.

Muchas veces se puede tener una identidad virtual, o sea, una idea errada de lo que realmente eres y cuando sucede esto estás limitado en cuanto a saber para qué existes y cuál es el verdadero propósito de Dios en tu vida y qué debes hacer para alcanzarlo. Son muchos los que creen que nunca van a lograr nada, por ejemplo, si tus padres te dijeron toda la vida que eres un/a inútil, que no sirves para nada, tú has tomado esa identidad como una realidad virtual y dices: Soy un/a inútil y nunca voy a llegar a nada. Entonces trabajas solamente para existir, mas no tienes una capacidad de entender cuál es la razón de tu existencia, porque piensas acerca de ti mismo que nunca vas a llegar a nada y nunca vas a lograr nada. ¿Te das cuenta qué importante es el término identidad? Esta identidad virtual viene afectada por lo que tu opinas o por lo que la gente ha pensado acerca de ti. ¿Mi identidad tiene que ver con lo que yo pienso que soy o por lo que las personas piensan que soy?

La verdadera identidad no es nada de eso.

Recuerda que todos opinaban algo diferente en cuanto a quién era Jesús, sin embargo, ¿era Jesús Elías o Jeremías? ¡No, no era ninguno de ellos! Él tenía una identidad que no venía dada por lo que pensaba la gente. El Señor le respondió: Bienaventurado eres Pedro, porque esto no te lo reveló carne ni sangre, no es la opinión de la gente, esto te lo ha revelado mi Padre que está en los cielos. Por lo tanto, Jesús no es lo que la gente opina, Él es lo que el Padre le revela a Pedro y esto ya lo sabía antes de que él recibiera esa revelación.

Identidad Conforme al Origen Divino

Una persona no es lo que piensa de sí misma que es, sino lo que Dios determino que esa persona es. Por lo tanto, conocer quién soy, no tiene que ver con andar investigando qué es lo que puedo hacer, qué opina mi padre o la gente que soy sino que tengo que buscar en Dios mi verdadera identidad, porque Él fue quien me creo y me formo. La identidad de cada uno de nosotros tiene que ver con una genuina revelación de Dios a nuestras vidas. Cuando un ser humano viene al mundo no nace por casualidad o por error, Dios trae a las personas al mundo. Él da identidad a las personas. El tema de la identidad se ha convertido en un problema serio; por eso, cuando las personas nacen se las registra inmediatamente; todos los países tienen un registro porque es importante identificarlas y que éstas tengan su identidad.

El verdadero origen de la identidad viene por medio de Jesucristo.

Por lo tanto existe un origen imaginario y el real. Muchos creen que venimos del mono o de la materia. Las Sagradas Escrituras afirman que el hombre fue creado a la imagen de Dios, y sopló en su nariz aliento de vida. Cuando la Biblia dice que Cristo dio su vida por nosotros y nos rescató derramando su sangre preciosa en la cruz del Calvario, se refiere a que Él te dio su vida cuando lo aceptaste en tu corazón.

Romanos 8:15 NTV
Y ustedes no han recibido un espíritu que los esclavice al miedo. En cambio, recibieron el Espíritu de Dios cuando él los adoptó como sus propios hijos. Ahora lo llamamos «Abba, Padre».

Cuando las personas tienen un encuentro con Cristo, se encuentran con su verdadero origen, con su verdadera identidad la cual te la da el mismo Dios. Jehová el Señor le dijo al profeta Jeremías:

Jeremías 1:5 RVR1960
Antes que te formase en el vientre te conocí, y antes que nacieses te santifiqué, te di por profeta a las naciones.

Volviendo a Jesús, fíjate la opinión que tenía la gente acerca de Él:

Juan 1:45-46 RVR1960
Felipe halló a Natanael, y le dijo: Hemos hallado a aquél de quien escribió Moisés en la ley, así como los profetas: a Jesús, el hijo de José, de Nazaret. Natanael le dijo: ¿De Nazaret puede salir algo bueno? Le dijo Felipe: Ven y ve.

La idea de la gente era, que de Nazaret no podía salir algo bueno. Jesús, el Hijo del Dios viviente, creció en Nazaret; déjame decirte: no es lo que piensa la gente acerca de Jesús, ni lo que cree la gente acerca de ti es lo que Dios te llamo a ser. Jesús fue el Cordero inmolado desde el principio, antes de la fundación del mundo, cuando todavía no había nada creado, Jesucristo ya tenía identidad de *Salvador*, en un futuro a su tiempo sería revelado al mundo.

La Biblia dice que provienes de Dios. También señala que Dios ha hecho todas las cosas desde el principio y te conoce desde antes de nacer, así como conocía a Jeremías.

Sanidad para los Confundidos

La gente está muy confundida, no saben cuál es su identidad. Los hombres no saben si son hombres y las mujeres no saben si son mujeres. Muchos dicen tengo un problema, soy hombre pero siento que soy mujer. ¡Qué problema de identidad tan agobiante! Muchos creen que han venido al mundo con algunas cosas de más y otras de menos, Dios hizo la creación perfecta. Él sabe quién eres, cuál es tu origen y cuál es tu destino, porque Dios le ha dado origen y destino a todo lo que ha hecho, y en su soberanía divina no existen los errores ni las fallas.

Salmo 139:14 RVR1960
Te alabo porque soy una creación admirable! ¡Tus obras son maravillosas, y esto lo sé muy bien.

Te invito para que puedas meditar en la gran verdad de la Palabra de Dios, que afirma tu verdadera identidad como cristiano.

CAPÍTULO 3

La Inmoralidad Destruye Tu Identidad

¿Por qué el Poder de la Identidad Espiritual Depende de la Pureza Moral?

La palabra "moral" es de origen latino, y proviene del término /moris/ que significa: "costumbre." Se trata de un conjunto de creencias, costumbres, valores y normas de una persona o de un grupo social, que funciona como una guía para actuar y vivir. Es decir, la moral orienta acerca de qué acciones son correctas y cuales son incorrectas. Moral también es la suma total del conocimiento que se adquiere sobre lo más alto y noble, que una persona respeta en su conducta. Las creencias sobre la moralidad son generalizadas y codificadas en una cierta cultura o en un grupo social determinado, por lo que la moral regula el comportamiento de sus miembros. Por otra parte, la moral suele ser identificada con los deseos físicos como la energía nuclear, que se suelta para destrucción devastadora, o puede ser sabiamente retenida. La Escritura te exhorta a huir también de las pasiones juveniles.

Proverbios 4:23 NTV
Sobre todas las cosas cuida tu corazón, porque este

determina el rumbo de tu vida.

El corazón, las emociones desbordadas y el deseo, determinan la manera de vivir. Este texto nos indica que se cuide el corazón sobre todas las cosas y que se concentre en lo que te mantendrá en el buen camino. Toma el control de tus deseos y no permitas que te lleven por la dirección equivocada. No vayas tras cualquier cosa que veas. Mantén tu mirada hacia adelante y tus ojos fijos en la meta. No pierdas tu tiempo en desvío que te llevarán al fracaso por causa del pecado.

Gálatas 5:16-17 ^{RVR1960}
Digo, pues: Andad en el Espíritu, y no satisfagáis los deseos de la carne. Porque el deseo de la carne es contra el Espíritu, y el del Espíritu es contra la carne; y éstos se oponen entre sí, para que no hagáis lo que quisiereis.

Es importante tener cuidado de no confundir tus sentimientos con la dirección del Espíritu Santo.

La guía del Espíritu Santo implica el deseo de escuchar su dirección, la disposición a obedecer la Palabra de Dios y la sensibilidad para discernir entre tus propios sentimientos y los impulsos que te comunica el Espíritu Santo. Siempre debes de buscar cada día de tu vida, ser guiado y controlado por el Espíritu Santo. Entonces las palabras de Cristo estarán en tu mente, el amor de Dios te animará en tus acciones y el poder del Espíritu Santo te ayudará a controlar tus deseos egoístas. Es muy importante lo que describe Pablo, las dos fuerzas que luchan en el ser humano: El Espíritu Santo y la naturaleza pecaminosa o sea los malos deseos o las inclinaciones de la naturaleza caída. Pablo no dice en ningún momento que estas fuerzas sean iguales, el Espíritu Santo es infinitamente más fuerte, pero si dependes de tu propia sabiduría, tomarás malas decisiones. Si tratas de vencer tu naturaleza pecaminosa mediante tu propio esfuerzo, nunca lo vas a lograr. La única manera de liberarte de tus malos deseo es por medio del poder del Espíritu Santo.

¿Qué Significa Tener Libertad Moral? Libertad moral no es el derecho de hacer lo que tu deseas, sino es hacer lo que se debe hacer, siempre dispuesto a obedecer cada día la voluntad perfecta de Dios. La libertad moral es tener tus impulsos físicos bajo el control del Espíritu Santo. Dios te diseñó con tres impulsos internos. Estos se enumeran en orden en el siguiente pasaje bíblico:

1 Tesalonicenses 5:23 RVR1960
Y el mismo Dios de paz os santifique por completo; y todo vuestro ser, espíritu, alma y cuerpo.

Es difícil separar el espíritu humano del alma, sin

embargo, la Palabra de Dios si lo puede hacer. Cuando tú llegas a ser cristiano, el Espíritu de Dios fue unido a tu espíritu humano. Para que Dios habite dentro de ti.

¿Qué es lo que sucede en tu Espíritu? La fe no es un salto a ciegas en la oscuridad; es discernir lo que Dios desea lograr en, y a través de ti. Tu espíritu es la morada de la fe, y la primera función de la fe es creer en Cristo para salvación del alma. El Espíritu Santo entonces hace su morada en tu espíritu, confirmando que eres cristiano. *(Romanos 8:16)* Por la fe en Cristo es que eres capaz de percibir y aceptar las normas morales de Dios.

Tu espíritu traerá convicción a tu mente cuando estés a punto de hacer algo que es moralmente impuro.

Por otra parte en tu espíritu, es que tus sentidos son *"ejercitados en el discernimiento del bien y del mal."* *(Hebreos 5:14).* Los impulsos de la carne juntamente con la desobediencia es pecado, y eso entristece al Espíritu Santo, logrando que se apague en ti su presencia. En tu espíritu puede morar la sabiduría de Dios, ella es ver la vida con la perspectiva Divina. Conforme llenas tu alma con la Palabra de Dios, tu espíritu experimentará la sabiduría que proviene de Dios.

Salmos 51:6 RVR1960
He aquí, tú amas la verdad en lo íntimo, y en lo secreto me has hecho comprender sabiduría.

Una persona sabia es capaz de identificar la inmoralidad como insensatez. Por otra parte el simple es conducido fácilmente a la inmoralidad. La creatividad es la capacidad para ver una necesidad, una tarea, o una idea desde una perspectiva nueva. Esta habilidad es especialmente importante para poder encontrar una salida a la tentación. (*1 Corintios 10:13*).

Tu espíritu es la morada de la comunión. Comunión es una función de tu espíritu con el Espíritu Santo, mientras que amistad, es una función de nuestra alma. Tú puedes tener comunión con otros cristianos. También puedes tener comunión con el Señor porque su Espíritu mora en ti. La pureza moral es esencial para la comunión, porque el Espíritu de Dios no puede tener comunión con el pecado. Tú espíritu debe ser el "altar de adoración." La verdadera adoración es una función del Espíritu de Dios dentro de ti. Ésta se apaga, cuando se rechaza la verdad de las normas morales piadosas, y por tanto, se entristece al Espíritu de Dios.

La Importancia del Discernimiento

El discernimiento de la verdad viene por la

manifestación de ese don manifestado en tu espíritu por el Espíritu Santo. (*1Corintios 2:10*) El discernimiento de la sabiduría te librará del hombre malvado y de la mujer extraña. (Proverbios 2:12)

¿Qué es lo que sucede en tu alma? La palabra griega para "alma", */psuqué/*. El alma es la parte ejecutiva de nuestro ser. Recibe información de nuestros sentidos físicos, y desarrolla pensamientos, sentimientos, y decisiones en base a la información. Cuando tu alma toma decisiones en base a las directrices del Espíritu Santo, estarás ocupado en el mover del Espíritu. Por el contrario si tu alma toma decisiones en base únicamente a los impulsos de la carne, tendrás una mente carnal. Esto producirá esclavitud moral, y muerte. Para tener el poder de Dios y ser usado poderosamente por Él, debes llegar al punto de someter tu mente, voluntad y emociones al control del Espíritu Santo.

¿Qué es lo que sucede en tu cuerpo? De la misma manera en que tu espíritu abre tu vida al mundo espiritual, tus sentidos físicos de gusto, tacto, vista, oído y olfato abren tu vida al mundo físico. Dios creó los sentidos físicos, y siempre que estén bajo el control del Espíritu Santo, traerán gozo y satisfacción para ti, y para los que te rodean.(1 Timoteo 1:5 ᴺᵀⱽ) Esta clase de amor sólo es posible cuando en tu vida estás experimentando libertad moral. La esencia del amor genuino es dar, mientras la esencia y la meta de la lascivia es obtener. El amor siempre puede esperar para dar, pero la lascivia nunca puede esperar para obtener.

El amor genuino consiste en dar para las necesidades básicas de otras personas, sin la motivación de la ganancia personal.

CAPÍTULO 4

Cómo Ser Libres de los Hábitos Pecaminosos

La Palabra de Dios te enseña cómo vivir en victoria sobre las obras de pecado que combaten dentro de cada persona que no se ha determinado rendirse por completo a Dios y su Palabra revela. El poder de la Palabra de Dios te da las herramientas para vencer la tentación y estar libre de contaminación, ataduras y opresiones, que son las causas, por no vencer al pecado. Lo que trae la conquista para ser libre de todo habito de pecado, tanto en los pensamientos como en el cuerpo se enfatiza en Romanos capítulos 6 y 7. Allí se enseña las dos maneras que puede vivir un cristiano.

Santiago 1:21 RVR1960
Recibid con mansedumbre la palabra implantada, la cual puede salvar vuestras almas.

Si meditas en las enseñanzas de Romanos 6 al 8, estos pasajes se convertirán en la expresión de tus palabras, voluntad y emociones, arraigadas en la verdad de Dios. Eso te dará fruto que edificará tu vida espiritual. El fruto de Romanos 6 es victoria sobre el pecado. *"El pecado no se enseñoreará de vosotros."*

Romanos 6:14 NTV
El pecado ya no es más su amo, porque ustedes ya no

viven bajo las exigencias de la ley. En cambio, viven en la libertad de la gracia de Dios.

La otra clave de andar en la libertad moral, es saber que ya has muerto para la vida pecaminosa que te acosaba y no proveer para los hábitos pecaminosos. En el Salmo 119:9-11 da la clave para mantenerte puro desde la juventud. *"¿Con qué limpiará el joven su camino? Con guardar tu palabra. Con todo mi corazón te he buscado; No me dejes desviarme de tus mandamientos. En mi corazón he guardado tus dichos, Para no pecar contra ti. El secreto entonces está en guardar la palabra. La palabra" guardar" en su raíz hebrea es /shama/ que significa: Mantener, hacer caso, conservar, tesoro, preservar.* La Biblia, no es un libro para leerlo simplemente, es para atesorarla en el corazón y seguir las instrucciones caminando y viviendo en ella, es el espejo en el cual te miras para ver si estas alineado al rostro del Señor.

Las consecuencias de leer material sensual:
Experimentas culpabilidad al violar los principios morales que Dios escribió en sus tablas. (10 mandamientos, no codiciarás) al mirar otras mujeres se está codiciando lo que no te pertenece.

Guarda tu corazón y tus ojos que son las ventanas del alma.
- Si estableces la práctica de tolerar lo malo a fin de disfrutar un poco de lo que crees que es placentero, disminuyes tu resistencia al mal.

- Otros se debilitan al tener acceso constante a los conceptos falsos bajo las ideologías de este mundo.

- Si te expones a gente intolerantes a la verdad, compartiendo horas en tu hogar, esto te llevará a que tu conciencia se cauterice, mientras que vas perdiendo poco a poco tu amor puro por el Señor y se abre una puerta de legalidad a espíritus atormentadores.

- Si te gusta coquetear con otras mujeres, estas poniendo en peligro tu matrimonio, al cometer adulterio en tu corazón (Jesús lo advirtió que con solo mirar una mujer codiciándola, se puede adulterar).

- Abres puertas para enfermedad mental, al tener placer sensual sin responsabilidad. Saturas tu alma y mente de suciedad, logrando entristecer y apagar al Espíritu Santo.

- Experimentas culpabilidad al violar las leyes morales que Dios escribió en tu corazón.

- Promueves la prostitución al pagar por materiales lascivos, embotas tus sentidos espirituales.

Compara la ley del pecado con la ley de la gravedad.

Probablemente sea difícil para ti comprender el hecho de que por fe *"estás muerto al pecado."* El Apóstol Pablo describe claramente en Romanos 7:21-24, acerca de la "ley del pecado." La ley del pecado opera continuamente en tus miembros, lo cual proviene de la carne pecaminosa sin redimir. Sin embargo cuando andas en el Espíritu, escuchando alabanzas y sacando tiempo para buscar a Dios en oración, estas anulando y crucificando los deseos de la carne. Probablemente sea difícil para ti comprender el hecho de que estás muerto al pecado, ¿cual es el problema? es la "ley del pecado" que Pablo describe en Romanos. La ley del pecado opera continuamente en tus miembros; sin embargo aunque son aún tan reales las tentaciones, cuando andas en el Espíritu no satisfaces los deseos de la carne. Detente en analizar este ejemplo. **Lo único que tiene que hacer el águila para detener su caída es extender sus alas, y la fuerza de ascensión vencerá la ley de la gravedad.**

Romanos 8:2 RVR1960
Porque la ley del Espíritu de vida en Cristo Jesús me ha librado de la ley del pecado y de la muerte.

Todo se centra en Cristo, porque él nos dio vida en medio de la muerte, para que las obras de la carne murieran en todos aquellos que entran en *"la ley del Espíritu de vida"*

Responsabilízate por la victoria.

Este hecho es bien importante hacerlo ante las autoridades establecidas por Dios. Es uno de los pasos más importantes para conquistar hábitos.

Muchos han dado testimonio de que aun habiendo conocido el evangelio, no han podido conquistar su mal hábito. Fue únicamente cuando informaron discretamente a un, pastor, u otra autoridad dada por Dios, acerca de su derrota moral. Al confesar y ser libres llega la victoria completa, si se parta totalmente de la tentación en la cual sucumbió.

Cada miembro de tu cuerpo debe convertirse en instrumento de justicia.

Tanto el estar muerto para el pecado, como el estar vivo para Dios son esenciales para tu victoria cristiana. Pablo combina estas ideas en Romanos 12:21 cuando dice: *"No seas vencido de lo malo, sino vence con el bien el mal."*

Aprende a ser sensible a los impulsos espirituales.

Dios quiere manifestar su verdadera voluntad a través de tu vida. Únicamente lo lograrás si estás viviendo conforme a la ley del Espíritu, y no conforme a la ley del pecado. ¡Conviértete en un instrumento poderoso en las manos de Dios y no pierdas jamás la identidad que como hijo de Él te capacita para andar en el Espíritu y no en la carne, entendiendo en lo más profundo de tu ser lo que te muestra las Sagradas Escrituras!

Romanos 8:1,5-6.[RVR1960]
Ahora, pues, ninguna condenación hay para los que

están en Cristo Jesús, los que no andan conforme a la carne, sino conforme al Espíritu. Porque los que son de la carne piensan en las cosas de la carne; pero los que son del Espíritu, en las cosas del Espíritu. Porque el ocuparse de la carne es muerte, pero el ocuparse del Espíritu es vida y paz.

Pablo establece aquí, dos tipos de personas: los que son controlados por la naturaleza pecaminosa y los que son guiados por el Espíritu Santo, que han muerto al pecado. Es evidente que todos estarían en la primera categoría si Jesús no les hubiera dado una salida. Una vez que el ser humano decide decirle si a Jesucristo, la sabia decisión será seguirle cada día en obediencia y fidelidad. Es determinante que de manera consciente puedas centrar tu vida y caminar en vida y paz con Dios. ¡Cuando el Espíritu Santo te señale lo que es correcto, hazlo con entusiasmo!.

Las Mentiras Más Grandes que el Mundo Quiere Hacerte Creer

Vives en una sociedad que ha normalizado el pecado mediante el uso de palabras suaves, términos inclusivos o supuestamente progresistas. Se han redefinido conceptos para que suenen aceptables y modernos, pero como cristianos, debes tener los ojos abiertos y el corazón firme para no ser engañado en estos tiempos. El profeta Isaías advirtió:

Isaías 5:20 RVR1960
"Ay de los que a lo malo dicen bueno, y a lo bueno malo."

Este versículo es cada día más actual que nunca. El enemigo busca distorsionar la verdad para que las personas vivan engañadas y alejadas del propósito de Dios. No debes permitir que el mundo, con sus ideologías modernas, pervierta la verdad de Dios, en tu corazón.Tu llamado es mantenerte firme en su Palabra, sin avergonzarte del Evangelio y sin ceder ante la presión de una cultura que quiere apagar la fe de Cristo en ti.

Pasos Para Conquistar Hábitos Pecaminosos

1. Controlando los deseos pecaminosos:

Gálatas 5:17 RVR1960
Porque el deseo de la carne es contra el Espíritu, y el del Espíritu es contra la carne; y éstos se oponen entre sí, para que no hagáis lo que quisiereis.

¿Qué es el deseo, que arde dentro de ti? La palabra en griego es /**epithymeō**/ que significa: deseo de lo que está prohibido, codicia (concupiscencia). El acto de codiciar, sin detenerlo a tiempo, abre la puerta entre otras cosas, a que dejes sin vida la palabra que oyes, y la conviertas infructuosa, que es quedar la palabra estéril dentro de ti. (Marcos 4:19)

2. El Deseo del Espíritu y deseo de la carne:

Pablo lo explica en Romanos 7:19, cuando dice: *No hago el bien que quiero, sino el mal que no quiero, eso hago.* Es en esta lucha en la que debes poner tu atención en concentrarte, para vencerla. Hay una lucha dentro de cada ser humano y tú debes de estar atento para ganarla. Para lograrlo cien por cien, debes de conocer que es, y como opera dentro de ti. El deseo es el generador de la motivación del porque se hacen las cosas; se desarrolla al ver, oír, y sentir.

Santiago 4:2-3 *RVR1960*

Codiciáis, y no tenéis; …, y no podéis alcanzar; combatís y lucháis, pero no tenéis lo que deseáis, … porque pedís para vuestros deleites.

El ser humano batalla dentro de sí, con la codicia, que es el deseo, que es igual a concupiscencia, ¡recuerda! que es ambición, codicia, egoísmo, celo; la esencia que opera dentro del alma no redimida. Santiago habla de la "codicia" esa palabra se refiere a tener un deseo de anhelar, la pregunta es: ¿Cuándo se activa ese deseo malo en el corazón? El deseo viene cuando tienes una necesidad. Es cuando falta Cristo y su Reino en tus prioridades. Cuando estas más vacío que lleno de Dios.

Los deseos ocupan la mayor parte anímica dentro de ti.

Los deseos, no los puedes desarraigar de tu alma,

ellos se unen a la voluntad para crear rebeldía, que es una *"voluntad antagónica contra la voluntad de Dios."* Existen tantos sentimientos en los humanos que la voluntad se confunde y no logras entrar en la quietud del Espíritu. La concupiscencia, estimula tus sentimientos y provocan experiencias turbulentas. Si el creyente no es libre del pecado *"su deseo"* fortalece *"su debilidad"* y equivocadamente se siente que es agradable al pecar. Así el nuevo hombre en Cristo que tenías que ser, cae en la esclavitud y pierde su libertad aun en las cosas externas.

3. ¿Cómo se caracteriza la persona almática?

El creyente *"almático o emotivo"*, se caracteriza por ser impaciente y actúa por sus emociones. Las emociones siempre inducen al "emotivo" a moverse en una forma precipitada. Además de las cientos de cosas que hace bajo sus propios impulsos, no concuerdan con la voluntad de Dios. El que vive constantemente por las emociones, no sabe lo que es esperar la confirmación de Dios en los mínimos detalles. Es saturado de ansiedad y actúa sin esperar la respuesta de Dios. *"Sus emociones están tan alteradas que no sabe oír la voz del Espíritu."*

Se necesita tiempo y esperar en entender la voluntad de Dios.

El clímax del ambiente cada vez es más apresurado y no se saca el tiempo necesario para el reposo, la calma, para orar y esperar en entender la respuesta. Crees vivir en el tiempo de Dios, pero a veces estas fuera de su tiempo apresurándote, creyendo llegar antes que Él, por eso recibes fracasos duros. Debe vivir en el Espíritu haciendo lo que el Señor quiere; a veces este punto no se ha llevado a cabo.

4. Si actúas apresuradamente, puedes equivocarte.
El Señor sabe que la parte emotiva de la carne es impaciente. El Señor sabe que los impacientes hacen las cosas por sus propias fuerzas. Pablo sabía de esa batalla, ahora bien, si tú como creyente entiendes cómo funciona esto, te será fácil detectarlo y *"tu batalla del deseo"*, estará ganada.

Efesios 2:3 RVR1960
Si el creyente no muere en la cruz, no puede agradar al Señor.

Entre ellos vivíamos también todos nosotros en otro tiempo, andando en los deseos de nuestra carne, haciendo la voluntad de la carne y de los pensamientos; y éramos por naturaleza hijos de ira, lo mismo que los demás.

1 Juan 2:16 RVR1995
Porque nada de lo que hay en el mundo —los deseos de la carne, los deseos de los ojos y la vanagloria de la vida— proviene del Padre, sino del mundo.

5. Disciplínate en leer la Palabra de Dios en las mañanas y al acostarte.

Comienza con Romanos 6 y 8 como te aconseje al principio de este capitulo. *El fruto de la lectura de Romanos 6 es: "victoria sobre el pecado" y "El pecado no se enseñoreará de vosotros" Romanos. 6:14.* El fruto de Romanos 8 es andar en el Espíritu: ***"Para que la justicia de la ley se cumpliese en nosotros, que no andamos conforme a la carne, sino conforme al Espíritu" Romanos 8:4.***

Al meditar en la carta conforme a lo que dice el Aptl. Santiago 1:21 y *toda la epístola,* los pasajes se convertirán en una realidad en toda tu vida, dando fruto y acrecentando tu fe. La voluntad de Dios se convertirá en una realidad en tu vida para con el Señor. La clave de la libertad moral es saber que ya has muerto a los pecados que te acosan. ¿Cómo respondería un muerto a la tentación que tu enfrentas?

6. No proveas para los hábitos pecaminosos. Un joven era continuamente atormentado con imaginaciones lasciviosas y pensamientos codiciosos. Conocía la Palabra, pero no podía librarse de esta esclavitud en su vida. La razón es obvia: En su cuarto tenía guardadas revistas pornográficas. En los momentos de tentación las sacaba para verlas. Le recomiendo tanto a los padres como a los hijos que quiten de su cuarto los apartos que le pueden ser de obstáculo para su vida cristiana, y evitar caer en tentación, tales como, IPad, Phone, Lapot, Video juegos, Computadoras y TV. No basta con considerarte muerto al pecado; Dios también quiere que estés vivo para Él. Tanto el estar muerto para el pecado, como el estar vivo para Dios son esenciales para la victoria sobre los hábitos. Pablo combina estas ideas en Rom. *12:21: "No seas vencido de lo malo, sino vence con el bien el mal."*

En un mundo que cambia constantemente su moral, la verdad de Dios permanece firme. No te dejes engañar por palabras disfrazadas de progreso y tolerancia. ¡Vive en la luz, proclama la verdad, y confía en que Cristo es el mismo ayer, hoy y por los siglos!

CAPÍTULO 5

Los Efectos Producidos por la Impureza

Dios te ha dado voluntad y libre albedrío; sin embargo, también debes recordar que haz nacido cargando en tus genes la naturaleza pecaminosa. Una vez que la persona deja que *las malas acciones* lo dominen, los deseos pecaminosos, tomarán control de tus anhelos de buscar de Dios. El proceso de despertar incorrectamente a los deseos sexuales es caer bajo el dominio del espíritu de la concupiscencia.

2 Corintios 12:21 NTV
Así es, tengo miedo de que, cuando vaya de nuevo, Dios me humille ante ustedes. Y quedaré entristecido porque varios de ustedes no han abandonado sus viejos pecados. No se han arrepentido de su impureza, de su inmoralidad sexual ni del intenso deseo por los placeres sensuales.

El Apóstol sufría de dolor espiritual, una gran tristeza, para formar a Cristo en los nuevos creyentes de Corintios. La impureza, es la condición del alma en la cual los deseos sensuales son más fuerte que los deseos espirituales. Cuando se violan las limitaciones a los deseos dados por Dios, inmediatamente hay sentimientos de culpa. Aunque ese sentimiento no libra el alma, simplemente la cautiva más. Los corintios no eran los únicos que tenían estos problemas. La influencia de las costumbres griega influenciaron a toda la región dominada luego por los romanos.

1 Tesalonicenses 4:5 RVR1960
...no en pasión de concupiscencia, como los gentiles que no conocen a Dios.

Pablo reconocía, que todos los gentiles, no convertidos, sufrían de ese problema. También a los Gálatas Pablo les explica:

Gálatas 5:19 NTV
Cuando ustedes siguen los deseos de la naturaleza pecaminosa, los resultados son más que claros: inmoralidad sexual, impureza, pasiones sensuales.

La intensidad de las pasiones sexuales no disminuye de forma automática. Salomón explicó este problema cuando escribió acerca de las consecuencias que hay cuando un joven pierde su pureza en la casa de una ramera.

Proverbios 2:18-19 RVR1960
18 Por lo cual su casa está inclinada a la muerte, y sus veredas hacia los muertos; 19 todos los que a ella se lleguen, no volverán, ni seguirán otra vez los senderos de la vida"

Las consecuencias a que me refiero, se explican más ampliamente en los siguiente versos.

Proverbios 5:20-23 RVR1960
¿Y por qué, hijo mío, andarás ciego con la mujer ajena, y abrazarás el seno de la extraña? Porque los caminos del hombre están ante los ojos de Jehová, y Él considera todas sus veredas. Prenderán al impío sus propias iniquidades, y retenido será con las cuerdas de su pecado. El morirá por falta de corrección, errará por lo inmenso de su locura.

Se encuentra otro problema en el área de la concupiscencia y es que los deseos sensuales a medida que se ejerce el pecado, siguen creciendo. La impureza moral es como un pozo cenagoso, entre más lucha un hombre dentro de él para salir, más profundamente se hunde en él. Una persona réproba, es la que rechaza la verdad, por tal hecho, ha sido su conciencia cauterizada. También lo lleva a creer en su propia mentira, creyendo que el placer sensual es lo máximo en su vida.

Romanos 1:25-28 RVR1960
"Ya que cambiaron la verdad de Dios por la mentira, honrando y dando culto a las criaturas antes que al Creador, el cual es bendito por los siglos. Amén. Por esto Dios los entregó a pasiones vergonzosas; pues aún sus mujeres cambiaron el uso natural por el que es contra naturaleza, y de igual modo también los hombres.. Y como ellos no aprobaron tener en cuenta a Dios, Dios los entregó a una mente reprobada...."

El dilema de ser de doble ánimo altera la Identidad correcta.

Cuando se viola la conciencia mediante un acto de impureza moral, se incrementan los impulsos sensuales. En ese momento la mente, la voluntad y las emociones se encuentran en medio de dos fuerzas que se oponen. Por una parte, el alma del creyente desea ser espiritual, por otra parte el alma le gusta ser sensual. Esta condición de "alma doble" es precisamente lo que Santiago describe en su epístola. Explicando que hay una inconstancia en los actos de dicha persona. El término del ser humano carece de sentido, porque no da idea ni de la causa, ni del remedio. Por tanto, intenta compensar lo que falta en su vida espiritual, con esfuerzo religioso, el resultado de esto es una fachada pseudo-religiosa.

Por fuera parece tener un carácter espiritual fuerte, pero bajo presión, manifiesta una naturaleza impía.

Al poco tiempo se desarrolla en el alma otro estado, el pseudo-intelectualismo. Con deseos espirituales débiles, e impulsos sensuales fuertes, empieza a discutir y debatir con ideas filosóficas que escucha de otros, o que inventa por cuenta propia. Pablo advierte acerca de estos pseudo-intelectuales:

Tito 3:10-11 ^{NTV}
10 Si entre ustedes hay individuos que causan divisiones, dales una primera y una segunda advertencia. Después de eso, no tengas nada más que ver con ellos. 11 Pues personas como esas se han apartado de la verdad y sus propios pecados las

condenan.

Estos textos explica que éstos discuten, porque tienen desviaciones morales y lo saben.

¿Por qué dos cristianos pueden diferir respecto a la misma actividad? Entre más progresa una persona hacia la concupiscencia, y posteriormente a la reprobación, menos le molestan las cosas que anteriormente le inquietaban en su conciencia. En primer lugar, el Espíritu Santo es entristecido, y por tanto, se apaga la señal que envía para redargüir la conciencia. Segundo, la Palabra de Dios es rechazada en la mente, mientras que es reemplazada por el razonamiento humano. No hay ningún pecado que no pueda racionalizarse con la especulación.

Por último la lujuria tiende a incrementarse, y de una pasión se pasa a una inmoralidad más baja aún. Dios describe la gama completa de la inmoralidad en Romanos 1. Tres veces en este capítulo encontramos la frase: *"Dios los entregó..."* Es importante observar que en la Escritura esta frase no va seguida de un punto, sino de la palabra "a." Dios no rechaza a la persona; más bien las entrega "a." las consecuencias de su propia elección.

¿Cuál Es el Significado de Impureza en la Biblia?

La impureza es la condición de estar contaminado en cierto sentido. La palabra impureza también se puede referir más bien a la contaminación en sí: una sustancia no deseada que hace que algo sea impuro. Los conceptos de pureza e impureza son importantes en la presentación bíblica de la santidad.

Cuando alguien se encontraba en un estado de impureza ceremonial y era declarado impuro, era separado de la comunidad y no se le permitía adorar en el templo durante el período de impureza o inmundicia.

Dios es santo, y requiere la santidad del pueblo que lo sigue. "Un poco de levadura leuda toda la masa" (Gálatas 5:9); un poco de impureza impide que haya integridad; un poco de pecado destruye la santidad.

En la Biblia, la impureza ceremonial puede ilustrar la impureza moral. Un ejemplo claro de esto es la lepra, una de las enfermedades de la piel que convertía a una persona en impura o inmunda ceremonialmente. Como no había cura para la lepra, la persona que la contraía quedaba impura para siempre. Los leprosos eran marginados de por vida. No se les permitía relacionarse con otros debido a lo contagioso de su enfermedad; no podían vivir con sus familias ni adorar en el templo o trabajar en puestos de trabajo. Su impureza era tan grave que, si se encontraban en una zona pública, debían identificarse gritando: "¡Inmundo! para que los demás se alejaran y evitaran cualquier contacto con ellos (Levítico 13:45). Los leprosos tenían que mendigar, confiando en la misericordia de los demás para que les dieran comida y para cubrir otras necesidades diarias. La impureza de la lepra es como el pecado, en el sentido de que aísla al ser humano de las comunidades, te separa de Dios y finalmente te lleva a la muerte. Es por eso que la forma en que Jesús se acercó a los leprosos marginados de su época fue tan sorprendente. No se apartó de ellos, no se quitó de en medio, y no retrocedió con horror o desprecio; extendió Su mano y los tocó. Y en vez de que la lepra de ellos hiciera impuro a Jesús, Su santidad sobrepasó su impureza y los limpió (Mateo 8:1-4; Lucas 17:11-16). El poder de Jesús es tal que puede librarte de toda impureza: física, moral y espiritual.

Cuando se menciona la impureza, a menudo muchos piensan en el pecado sexual. La inmoralidad sexual ciertamente está incluida en la idea bíblica de impureza, pero es mucho más que eso. La impureza realmente incluye todo tipo de pecado y abarca cualquier actividad, pensamiento, palabra o acción que no se ajuste a la voluntad de Dios para las vidas. "Pues no nos ha llamado Dios a inmundicia, sino a santificación" (1 Tesalonicenses 4:7).

La Biblia enseña que por defecto la impureza es el estado de los seres humanos, después de la caída. Todos nacen como pecadores impuros (Salmo 51:5; Romanos 3:23), y deben ser limpios si quieren ver a Dios. Sólo Dios es perfecto; todos han sido contaminados por la impureza del pecado. El más mínimo pecado sigue siendo un contaminante letal en las almas, y esto es una mala noticia para para el ser humano: "Porque sabéis esto, que ningún fornicario, o inmundo, o avaro...tiene herencia en el reino de Cristo y de Dios" (Efesios 5:5; cf. Apocalipsis 21:27).

Así como los leprosos, todos necesitan desesperadamente que la misericordia y la gracia de Dios les alcance y les limpie de las impurezas que intenta contaminar. Necesitan el toque de Jesús y el don de Su justicia (1 Corintios 1:30). "Bienaventurado el hombre a quien el Señor no culpa de iniquidad" (Salmo 32:2).

La gloria del evangelio es que Dios puede hacer puro lo impuro, y limpio lo inmundo. Para tu gozo eterno, Dios desea hacer precisamente eso, por amor a Cristo: "Si confesamos nuestros pecados, él es fiel y justo para perdonar nuestros pecados, y limpiarnos de toda maldad" 1 Juan 1:9

La Impureza Se Convierte en Perversión

En el capítulo primero de Romanos, la primera mención de la expresión "entregó", se encuentra en el versículo 24. Dios primero explica que ellos tenían el testimonio de su naturaleza y deidad, por su creación (versículos 19-20), pero se negaron a glorificarle y reconocerlo como Dios, y se volvieron vanos en sus razonamientos. *Así que no tienen ninguna excusa para no conocer a Dios*,v.20. Después de que sus corazones, se llenaron de necedad se entenebrecieron, cambiando la gloria del Dios, por un *dios corruptible*, que les permitiera hacer las cosas que ellos querían hacer.

Romanos 1:24 *RVR1960*
Por lo cual también Dios los entregó a la inmundicia, en las concupiscencias de sus corazones, de modo que deshonraron entre sí sus propios cuerpos.

La inmundicia de la impureza incluirá el primer nivel de la sensualidad, identificada en la Escritura como concupiscencia. En este primer nivel, Dios entrega a la persona, para que sea objeto de sus propios deseos sensuales. Si esta persona no se arrepiente, entonces proseguirá en su conciencia reemplazar la verdad por la mentira.

Romanos 1:26 *RVR1960*
Por esto Dios los entregó a pasiones vergonzosas. La paga de la lascivia es más lascivia, y la paga de la sensualidad es la destrucción a través de pasiones vergonzosas.

La persona no nace con lascivia, sino que voluntariamente elige practicarla. Muchos hoy en día caen víctimas de violadores, que en su temprana edad han desestabilizado su identidad, lo cual produce dualidad en sus mentes. La Iglesia tiene el poder de Dios en el Nombre de Jesús, para quitar la marca del abuso siempre y cuando la persona desee hacerlo. Su primer paso será perdonar al abusador y reconocer que la Sangre de Cristo lo libera; perdonando todos sus pecados.

Curiosidad Natural

El averiguar lo natural no tiene nada de malo, siempre que esté bajo el control del Espíritu Santo. Eva podía satisfacer su curiosidad comiendo del fruto de todos los árboles del huerto, excepto uno. La limitación que Dios le impuso a Eva es idéntica a la limitación que se impone cuando se trata de curiosidad. No trates de adquirir conocimiento del mal mediante la experiencia porque eso empañara y debilitara tu identidad verdadera.

Tu conciencia es un sistema de alarma dado por Dios, se activa cada vez que te acercas al mal, o por el contrario, el mal se acerca a ti. Tu conciencia te dirá cuando algo está mal, aun cuando tus amistades o profesores, traten de convencerte de que está bien. La primera señal de que tu conciencia ha sido despertada es que viene a tu mente la pregunta, "¿Es correcto que yo haga esto?"

Enfoque Sensual

Al escuchar la burla de Satanás, y luego su negación de la Palabra de Dios, se sembraron dudas en la mente de Eva, respecto a lo que Dios realmente había dicho, y sus razones para decirlo. Ella siguió contemplando el fruto prohibido, y empezó a codiciarlo.

Santiago 1:14-15 RVR1960

...sino que cada uno es tentado, cuando de su propia concupiscencia es atraído y seducido. Entonces la concupiscencia, después que ha concebido, da a luz el pecado; y el pecado, siendo consumado, da a luz la muerte.

Violación de la Conciencia

Eva alargó la mano, tomó el fruto y lo comió, en violación directa de la Palabra de Dios. Si tú te encuentras esclavizado por algún hábito sensual, probablemente puedas recordar la vez que conscientemente hiciste lo que en tu corazón sabías que era malo. Quizá esperabas, como Eva, el juicio inmediato de Dios, no reconociendo que ya había ocurrido la muerte espiritual, junto con la servidumbre invisible. (*Romanos 6:16*) Cada vez que haces caso omiso de una advertencia de tu conciencia, estás violando los límites establecidos. Dios califica eso como pecado.

Génesis 3:7-8 NTV
7 En ese momento, se les abrieron los ojos, y de pronto sintieron vergüenza por su desnudez. Entonces cosieron hojas de higuera para cubrirse. 8 Cuando soplaba la brisa fresca de la tarde, el hombre y su esposa oyeron al Señor Dios caminando por el huerto. Así que se escondieron del Señor Dios entre los árboles.

La culpabilidad es para la conciencia, lo que el dolor es para el sistema nervioso. La función del dolor es avisarte que está ocurriendo algún daño, y que si no realizas cambios, sufrirás un daño mayor. De manera similar, la culpabilidad fue diseñada por Dios para avisarte que te estás dañando, y que tu único recurso es volverte de tu pecado y acercarte a Dios arrepentido. El pecado causa vergüenza y temor.

Génesis. 3:10 ^{NTV}
10 El hombre contestó: —Te oí caminando por el huerto, así que me escondí. Tuve miedo porque estaba desnudo.

Adán y Eva respondieron a su transgresión, uniendo hojas de higuera para cubrir su desnudez el uno ante el otro, también para esconderse de Dios. Estas respuestas, violaron el propósito mismo de la culpabilidad, que es traer arrepentimiento, y restaurar la comunión con Él. El arrepentimiento incompleto conduce a una compensación religiosa (al estilo de las hojas de higuera) para poder ser respetables ante los que te rodean.

Pablo anima a sus lectores a que no desperdicien su libertad en Cristo para servirse simplemente a sí mismos. Algunos maestros de la Biblia llaman a esto "licencia", como si tuvieran licencia para pecar, lo cual significa que algunas personas piensan que, debido a que ya están justificados por la fe en Cristo, no necesitan restringir ninguno de sus deseos pecaminosos y pueden hacer lo que quieren, esto es realmente un gran engaño de las tinieblas en donde se manifiesta la confusión y la mentira.

Pablo da algunos ejemplos de las personas que son injustas, y las identifica de acuerdo con los pecados que cometen. En la cultura griega y romana de la época, todos estos pecados eran muy comunes, entre los que se incluyen la inmoralidad sexual, es decir, todo tipo de sexo que ocurra fuera del matrimonio heterosexual, la adoración de ídolos, el adulterio, es decir, el sexo con el cónyuge de otra persona y los actos de perversión.

El mensaje central del evangelio es que ofrece el perdón y la salvación absoluta a cualquiera que esté dispuesto a acercarse a Dios a través de la fe, en Jesucristo.

La idea de heredar el reino de Dios o heredar la vida eterna surgió, de la pregunta del intérprete de la ley a Jesús, Maestro ¿haciendo que cosa heredare la vida eterna? Lucas 10:25, Jesús habló bastante sobre ello como en Lucas18:18, la pregunta del joven rico fue Maestro bueno, ¿Qué hare para heredar la vida eterna? La herencia de un reino se transmite de reyes a príncipes (de padres a hijos). Por lo tanto, los que heredan el reino de Dios también reciben la vida eterna junto a Él en Su gloria para siempre.

Sin embargo, Pablo les recuerda a los Corintios las personas que no heredarán el reino de Dios: los injustos, los malvados, los malhechores. Lo que Pablo enseña en Romanos está muy claro: las personas que se acercan a Dios a través de la fe en Jesús son las únicas personas que son justificados ante Dios. Por lo tanto, esas son las únicas personas que heredarán el reino de Dios. Las personas que alcanzan el perdón de sus pecados a través de Cristo se refieren a esos pecados como si fueran algo del pasado, ya que no definen quiénes son o serán en el futuro. Pablo ha dejado claro que él estaba escribiéndoles a cristianos que se suponía que habían nacido de nuevo, tal como lo describe en,1 Corintios 1:2, 9.

Sin embargo, estos pecados ya no eran la forma en que vivían, ya que en ese momento ya estaban en Cristo. Por lo tanto, debían de dejar de participar en ese tipo de pecados. La impureza hace que una persona o una nación no pueda entrar en la presencia de Dios

CAPÍTULO 6

Entendiendo Cómo

Opera la Seducción

La seducción se manifiesta cuando existen áreas vulnerables donde el enemigo sabe cómo conquistarlas. El espíritu de seducción no viene como algo agrio, sino aparenta ser agradable y atractivo a los ojos.

Dios advierte por medio del Apóstol Pablo en su carta a los Gálatas 6:, que si alguno es *sorprendido* en alguna falta, se puede restaurar. La palabra *sorprendido* en el original griego es /**prolambo**/ y significa: *"sin que la persona se dé cuenta, la toma por sorpresa de manera repentina, esto es, antes de que sea consciente de lo que ha sucedido."* El prefijo /pro/ en /**prolambo**/ significa, antes. Otras traducciones para la palabra "sorprendido" es alcanzado. Esto tiene que ver con tomar a su víctima en forma desprevenida. Muchos confiesan después de haber caído: *"es que no iba detrás del pecado, sino que reaccione de forma equivocada y pecaminosa por algo en la que sutilmente fui seducido."*

Satanás puede corromper y seducir la mente de un cristiano si este vive descuidado y adormecido en su vida espiritual.

No olvides que el objetivo primordial de toda seducción es atraerte y conducirte erróneamente a los falsos amores, que luego sin darte cuenta, te oprimirán. Satanás siempre intentará que tus experiencias del pasado te atrapen para siempre, aunque estés viviendo en el presente, lo cual te producen una claudicación espiritual en tu mente. Lee 2 Corintios 10:3-5.

¡Dile no a la Seducción!

Hablar de la creación, de la redención, o de la santificación, es hablar de las obras de Dios, pero hablar de la seducción es hablar de una de las obras más temibles de la potestad de la maldad y de las tinieblas. El diccionario de la RAE define la palabra seducción como: Engañar con arte y maña; persuadir suavemente para algo malo. El diccionario de Vine, por su parte, explica que la palabra seducir tal como se emplea en la Biblia proviene de varios términos griegos:

1. */Deleazo/,* **atraer y atrapar con cebo; atraer con zalamerías y halagos.**
2. */Planao/,* **hacer errar, extraviar.**
3. */Exapasao/,* **engañar totalmente, seducir completamente.**

Las razones fundamentales por la que muchos creyentes, son vulnerables y susceptibles a la seducción, es porque no entienden la plenitud de los beneficios de la salvación. Por eso intentan buscar la felicidad o satisfacción en los placeres que dañan el alma. La Biblia te da respuestas definidas de cómo fortalecer tus áreas vulnerables y ser libre de la seducción. El primer paso es, amar a Dios y permanecer en comunión con Él todo el tiempo. Eso te lleva a tener un encuentro personal con Jesucristo. Cuando amas al Hijo, el Espíritu Santo te llevará a conocer al Padre. El Espíritu Santo es una persona sensible como una paloma, si le amas nunca dejaras que su llama amorosa se apague dentro de ti.

La mayor fuente de felicidad que tú tienes, es apartarte del mal, para gozarte de la comunión con Cristo y de tu gran salvación.

Cerrando Puertas a la Tentación

Debes de entender que la soledad física y espiritual es el paso para caer a la tentación, y caer fácilmente preso en ella. No debes ignorar eso, si tu alma se está aislando de amigos, familiares y de las actividades de la Iglesia, esto te está anunciando que estás vacía de algo vital, y que debes buscar solución sin demora antes que caigas en depresión.

El vivir una vida mediocre significa también estar vacío , y abre puertas a la seducción, nada mejor que vivir una vida llena del Espíritu Santo. Entendiendo que has sido llamado a ser santo para Dios. Si lo contristas, las potestades de la maldad, podrán aprisionarte. Debes de saber, que solo no puedes, hacerlo, necesitas de su presencia y su fortaleza. Cuando te sientas seducido, clama al Espíritu Santo por ayuda, llama por teléfono a un líder pidiéndole oración, rechaza la seducción, y busca ayuda.

Caer en la seducción, es no hacer caso a tempranas advertencias.

Tienes que permitir que Dios te santifique por completo, y sature todo tu ser, sin reservas ni limitaciones. Ninguna parte de tu vida, de tu mente, o emociones, pueden caer rendidas a la seducción, todo lo contrario tienes que estar dispuesto a vivir rendido por completo al señorío de Cristo.

¡El Diablo es artífice en el campo de la seducción! Desde los primeros capítulos del Génesis se puede observar la acción seductora del enemigo quien al presentarse ante Eva, con una estrategia concebida para sus fines, logra envolver y arrastrar a la raza humana hacia el terreno del engaño y de la enemistad para con Dios.

A partir de allí en adelante la humanidad entera quedó cautiva por el pecado, bajo la justa condenación de Dios, y a expensas de lo que en la soberana voluntad de Dios se le permitiese a Satanás hacer sobre los hombres. El profeta Isaías se expresó de él como: aquel que debilitaba a las naciones. (Isaías 14:12). Mientras que el profeta Isaías 14:16-17 añade: *"que hacía temblar la tierra, que trastornaba los reinos; que puso el mundo como un desierto, que asoló sus ciudades, que a sus presos nunca abrió la cárcel."*

En el libro de Apocalipsis 12:9, habla del diablo como el gran dragón, la serpiente antigua, que se llama diablo y Satanás, el cual engaña al mundo entero. Este texto muestra la raíz y la forma como la mente puede ser influenciada por la oscuridad del engaño. Hoy en día aún está operando de la misma manera.

La Biblia está llena de lamentables y tristes relatos de hombres que creyendo en Dios, fueron sin embargo seducidos a desobedecer los preceptos de Divinos.

- Israel fue seducido por el deseo de adorar al becerro, y hacerlo su dios. Imagen que Aarón hizo con el oro de los zarcillos de las mujeres, estando Moisés en el Monte recibiendo los mandamientos de Dios para Israel. (Éxodo 32; Ezequiel 20).
- El rey David fue incitado por Satanás para censar al pueblo de Israel en contra de la voluntad conocida de Dios. En 1 Crónicas 21:1-3 la Escritura narra que el rey David se dejó seducir por un pensamiento de soberbia y presunción personal cuando ordenó, en contra de la voluntad de Dios y de la palabra que se le aconsejaba, la realización de un censo militar en la nación. Ese pensamiento que se originó en Satanás, fue abrazado por el rey David y le costó a la nación la muerte de por lo menos 70.000 hombres en medio de un juicio terrible de parte de Dios.
- Demas, quien estaba con el apóstol Pablo lo abandono por la seducción del mundo. 2 Timoteo 4:9-10.

- Pablo en un momento dado exhortó a los creyentes de Colosas a que no se dejen engañar o seducir. (Colosenses 2:8). Pablo dice a los Gálatas: "que han sido fascinados y se encuentran bajo engaño." (Gálatas 3:1).

La seducción va más allá de la atracción del sexo opuesto.

Algunos son seducidos por falsas enseñanzas. (2 Corintios 11:13-15). Otros caen en engaño y seducción por el pecado de la inconstancia. Demas, quien estaba con el apóstol Pablo lo abandonó por la seducción del mundo. 2 Timoteo 4:9-10. 2:14). Pedro sin duda alguna alerta contra los inmorales y codiciosos falsos maestros, que seducirán y manipularán a la gente para tratar de alcanzar sus propios objetivos cargados de egoísmo y ambición.

Es evidente que en estos tiempos la Iglesia verdadera se enfrenta a la proliferación de maestros del engaño y sus actividades se incrementaran en los postreros tiempos. Hoy a igual que ayer, son miles los cristianos que están cayendo de la verdad para ser atrapados en redes de seducción, al dejar de lado la segura y firme ancla de Palabra de Dios, dando cabida en su corazón a fantasías, fábulas e imaginaciones que no tienen nada de inspiración Divina.

Muchos creyentes son seducidos a vivir una vida cristiana a su manera y forma, la que ellos

mismos escogen relacionada a sus gustos personales.

¡Cuántos creyentes se dejan seducir por el enemigo al empeñarse en hacer algo que va en contra de la Palabra de Dios! Piensan que eso no les traerá consecuencias, pero estas llegarán tarde o temprano.

¿Qué lleva a un cristiano a desobedecer a Dios? Lo mismo que llevan a muchos, lo que el Apóstol Santiago explica sobre la atracción y seducción de la propia concupiscencia que está dentro de cada uno; que si se le da rienda suelta, lleva a la consumación del pecado.

¿Puede un cristiano verdadero ser seducido por el engaño? La palabra de Dios y la experiencia cristiana dicen que sí. Pablo escribe a los corintios y les dice:

2 Corintios 11:3 *RVR1960*
Temo que como la serpiente con su astucia engañó (sedujo completamente) a Eva, vuestros sentidos sean de alguna manera extraviados de la sincera fidelidad a Cristo.

Hoy por hoy el diablo continúa sin cesar en su actividad seductora contra, hombres y mujeres en general. El apóstol Pablo dice que en los no creyentes les *ha segado el entendimiento para que no les resplandezca la luz de Cristo y escapen del lazo del diablo en que están presos a voluntad de él.*

En relación a los creyentes, día a día trabaja e idea maquinaciones para seducirles y engañarles en alguna área; en este sentido cualquier área es buena para sus fines: lo personal y familiar, lo social, lo doctrinal, cualquier lugar donde pueda colocar un poco de levadura es bueno para sus fines.

El mundo como sistema organizado promueve la mentira, diciendo: *"que es posible ser feliz lejos de Dios, es posible sentirse bien y llevar una vida con propósito lejos de Dios, sólo se necesita conocimiento, dinero, posesiones, poder, sexo, drogas, muchas diversiones, tener muchas cosas interesantes que hacer, muchos amigos para pasarla bien."*

Mucho son seducidos al promover constantemente la mentira, de que la vida sin un compromiso real con Dios tiene sentido, intenta seducir a los creyentes a creer y aceptar su propuesta de estilo de vida, sus valores anti-bíblicos y anticristianos; sus criterios terrenales y materialistas, su amplitud de pensamiento y de mente en acuerdo con el tiempo de modernidad en que vive el mundo, diciéndole que toda verdad es relativa y no absoluta.

Recuerda que la maldad y el espíritu del mundo siempre estarán tratando de seducirte y desviarte de tu llamado y de la vida de consagración a Dios.

Ante todo esto, queda claro el llamado de alerta para tu vida, *¡pelear la buena batalla en contra de la seducción y el engaño de Satanás!.*

- **Es una lucha contra ti mismo,** donde tienes que morir a tus propios deseos (Gálatas 5:24).
- **Es una lucha contra el mundo,** donde tienes que estar dispuesto a crucificar tu carne (Gálatas 6:14).
- **Es una lucha contra el Diablo,** donde tienes que resistirle con firmeza sometiéndote enteramente a Dios (Santiago 4:7).

¿Cómo debes enfrentar la seducción? Guardar en tu corazón te hace cumplir las palabras de Dios para no pecar contra Él. Sabiendo que solo la Palabra de Dios te puede otorgar una segura protección y brindar al mismo tiempo una forma eficaz de poder salir triunfante ante la seducción del pecado. Guardar la Palabra significa actuar conforme ella te indica y señala en la forma en cómo debes vivir, es más que conocerla y estar de acuerdo con lo que ella te dice. Esto tiene que ver con tomar tus decisiones correctamente, sobre todo las que involucran los aspectos morales, criterios y juicios de valor. Todo esto tiene que ver con vivir en conformidad con el Espíritu de Dios, tomando decisiones que te llevan a actuar en consonancia con lo que ella demanda.

¿Quieres Ser Libre del Poder Seductor? Cuando

estás dispuesto a reconocer y confesar que has fallado y menospreciado la Palabra de Dios, toma una actitud correcta de arrepentimiento, esto te puede traer liberación del engaño y de la seducción del pecado. Tienes que estar dispuesto diariamente a dar el lugar en tu vida a la preeminencia de la Palabra de Dios. No solo los Domingos o los días de reunión de la iglesia, sino en tu vida diaria, solamente así tendrás una victoria segura contra la seducción del pecado.

Salmos 37:30-31 RVR1960
El rey David escribió: *La boca del justo habla sabiduría, y su lengua habla justicia. La ley de su Dios está en su corazón, por tanto, sus pies no resbalarán.*

Reconoce la fidelidad de Dios para contigo. Dios siempre ha estado al alcance de tu clamor, para ello debes de estar dispuesto a ser fiel y obediente. La Biblia dice así:

1 Corintios 10:13 RVR1960
No os ha sobrevenido ninguna tentación que no sea humana; pero fiel es Dios, que no os dejará ser tentados más de lo que podéis resistir, sino que dará también juntamente con la tentación la salida, para que podáis soportar.

Para vencer el poder seductor del pecado necesitas ser profundamente sincero en cuanto a tu debilidad, pecaminosidad, y necesidad de la gracia restauradora de Dios. Confiesa tus pecados ante él en detalle, características e implicaciones: no es la confesión generalizada la que te ayudará sino la personalizada. (cuando los nombras uno por uno). Cuando Dios establece señalar uno por uno los pecados y desatinos de su pueblo, es porque se requiere el reconocimiento de tu parte de cada pecado ante el cual te has dejado seducir y confesar los mismos por sus nombres e implicaciones ante la presencia de Dios.

Proverbios 28:13 *RVR1960*
El que encubre sus pecados no prosperará; más el que los confiesa y se aparta alcanzará misericordia.

1 Juan.1:9 b *RVR1960*
Si confesamos nuestros pecados, él es fiel y justo para perdonar nuestros pecados, y limpiarnos de toda maldad.

El termino confesar significa decir lo mismo que Dios dice acerca del pecado y reconocer el punto de vista divino en relación con el mismo. La confesión de pecado caracteriza a los cristianos genuinos y Dios ofrece aquí perdón y limpieza, aquellos que lo confiesan y se apartan por completo del mismo. David escribió las siguientes palabras en su caminar y lucha contra la seducción del pecado:

Salmo 139:23-24 *RVR1960*
Examíname, oh Dios, y conoce mi corazón; pruébame y conoce mis pensamientos; y ve si hay en mí camino de perversidad, y guíame en el camino eterno.

David invita a Dios a seguir escrudiñando su corazón para desarraigar toda injusticia. David fue consciente de lo que debería serlo todo creyente que busca perdón, que aunque había cometido pecado, en último término esto era contra Dios mismo y contra su santa y poderosa palabra.

Recuerda que el intento del ataque sutil de la seducción viene a ti para que deshonres la Palabra de Dios con tus decisiones y acciones equivocadas. El anzuelo y la carnada de la seducción es lanzado contra tu mente para que aceptes un principio, un pensamiento, una ideología que sea contraria a lo que el Evangelio de Cristo establece para tu vida; no tiene que ser necesariamente una falsa doctrina la cual están por todos lados propagándose; no tiene que ser una abominación escandalosa; puede ser una discreta invitación a la deshonestidad. Como verás las posibilidades de caer en la seducción son muchas y variadas, pero para librarte de todas ellas lo único que necesitas es, afirmarte y establecerte en la Palabra de Dios, guardándola en tu corazón.

El proceder del tentador, siempre comienza proponiendo una idea para ser considerada.

Por lo tanto tienes que velar en lo que piensas, cuida cómo juzga y considera los aspectos morales y éticos, asegúrate de poder tomar tus decisiones de acuerdo con lo que enseña la Palabra de Dios, y rechaza toda insinuación a la desobediencia, renuncia a todo pensamiento indigno de un hijo de Dios; no participes de las obras de las tinieblas!!!

Efesios 5:11 ᴿⱽᴿ¹⁹⁶⁰
...no participéis en las obras infructuosas de las tinieblas, sino más bien reprendedlas.

No participar tiene que ver con no compartir el entenebrecido estilo de vida, andar con sumo cuidado, no como necios sino como sabios, esto determinar la actitud de caminar cautelosamente, como alguien que se mueve en un terreno lleno de plantas de espinos y desea salir de allí y nunca más volver.

Hoy puedes vivir fortalecido en el Señor y en el poder de su fuerza y nunca te dejes seducir por el espíritu del engaño e inmoralidad.

CAPÍTULO 7

Siendo Libres del Espíritu de Lascivia

Los espíritus de lascivia y lujuria están en acción en estos días.

La palabra lascivia viene de la raíz del griego /*aselgeia*/ que significa: Sensualidad desenfrenada; denota exceso, ausencia de freno, indecencia, extravagancia, lujuria desenfrenada, descaro, obsceno, erótico. Depravación sin límites, todo esto tiene que ver con una vida llevada por el libertinaje y todo acto de pecaminosidad.

Romanos 1:27 *RVR1960*
"y de igual modo también los hombres, dejando el uso natural de la mujer, se encendieron en su lascivia unos con otros, cometiendo hechos vergonzosos hombres con hombres, y recibiendo en sí mismos la retribución debida a su extravío."

Los Sinónimos de Lascivia y Sus Adyacentes

La persona puede caer desde su juventud en prostitución, voluntaria o forzada. Muchos padres llevan en plena adolescencia a sus hijos varones, para que inicien sexo a edad temprana. Eso abre puertas para que el joven sea promiscuo, mientras en el momento se ve "bien", las consecuencias comenzaran a salir al casarse. Un espíritu de **lujuria y deshonestidad,** estará atormentándolo desde la primera noche de luna de miel. Los deseos que han hecho cabida dentro de su cuerpo, no se conformarán con una mujer pura que nunca a practicado fornicación.

Muchos son los casos de hombres promiscuos que solo van de visita a una Iglesia para casarse, ellos las consideran "bobitas", para seguir en sus andanzas, fingiendo ser hombres de bien. Tales personas nunca podrán gozar de **incontinencia**, ya que la **impureza** dentro de su alma, es un hecho. Vivirá una vida fingida, solo como religioso, acompañará a su esposa en actos especiales, fingiendo que todo va sobre ruedas. El **libertinaje** lo tendrá bien escondido, así como las **llamadas comprometidas**, usando **sagacidad y astucia** todo el tiempo.

¿Y qué de los que son cristianos? La batalla del espíritu del hombre contra la carne, es una vivencia *con la que no todo cristiano sabe lidiar.* De ahí, que la **lascivia** no sólo tiene que ver con deseos pecaminosos que tuercen la verdad por la cual Dios creo el sexo, sino que se mueve y actúa como una ramificación de tentáculos de *perversión, obscenidad, impureza, corrupción, deseos desenfrenados, descaro, aborto y desvió de lo natural.* Para entender cómo opera hay que analizar la raíz de este espíritu perverso y sus adyacentes. Con el propósito de detectarlos y reprenderlos para poder vencerlos primeramente en ti mismo, y luego ayudar con tu testimonio, a otras personas que caen en estas trampas destructivas. El apóstol Pablo escribió:

Efesios 4:17-19 RVR1960

"Esto, pues, digo y requiero en el Señor: que ya no andéis como los otros gentiles, que andan en la vanidad de su mente, teniendo el entendimiento entenebrecido, ajenos de la vida de Dios por la ignorancia que en ellos hay, por la dureza de su corazón; los cuales, después que perdieron toda sensibilidad, se entregaron a la lascivia para cometer con avidez toda clase de impureza."

El enemigo de las almas no sólo encierra en redes de perversidad a los "no convertidos a Cristo" sino ahora más que nunca, se está abriendo paso fácilmente en muchos cristianos, por medio del ataque más tenaz que confronta la Iglesia.

La Biblia nos declara que en los últimos días se levantarían falsos hombres y mujeres que convertirían la gracia del Señor en libertinaje. Este estilo "nuevo de vida" está programado para influenciar a los débiles en la fe. Los medios de comunicación inducidos por agentes satánicos y mentes reprobadas, hostigan la mente de las personas por medio de escenas visuales toda clase de perversidad, para que al mirar esas escenas, demonios salten a la mente y cuerpo de quienes lo miran. Dañando la verdadera imagen que el creador hizo en el acto del matrimonio, para el hombre y la mujer, **basado en el verdadero amor.**

Perder tus principios, te llevarán a la liviandad.

Millones hoy en el mundo están cautivos por espíritus lujuriosos. Éstos son un anexo con el espíritu de lascivia, que es la pasión perversa y desordenada. No dejes que en ti este espíritu se manifieste en miradas que desnudan al sexo opuesto. Esta es la parte carnal del ser humano "no redimido." Como escribí al principio de este capítulo, la *"puerta abierta"* es la fornicación y el adulterio. Si tu caminas **sin temor de Dios**, no tendrás la sensibilidad moral adecuada para vencer. Si sigues siendo una persona religiosa, viviendo bajo el efecto de pecado, la verdad de Dios cada día se alejara más y más de ti. Volviéndote cada vez más apático con respecto a la realidad moral en que estás atrapado.

Querer quedar bien con los familiares o amigos mundanos es tener que compartir sus conductas libertinas, sus conversaciones huecas, sus tragos. Tu falta de decisión firme, te lleva a sucumbir poco a poco al estilo mundano, que por voluntad y deseo propio, has querido hacerlo. Sin darte cuenta caes a una vida indiferente, apóstata bajo la sensualidad y la vida licenciosa, que tarde o temprano te hará perder los principios morales que tenías.

La palabra lascivia también significa: pasión desbocada y codicia.

En este último término, tenemos que resaltar que el espíritu de lascivia es un espíritu demoníaco que lleva a los humanos hacia una total indisciplina moral. Por otra parte, tiene que ver con codicia y envidia. Estos espíritus traen dolor, división y consecuencia inimaginable al corazón de los perjudicados.

Cuando alguien cae en adulterio, es poque ha codiciado la mujer de otro.

Tanto el hombre como la mujer infiel caen en desenfreno moral, bajo una ceguera que no los dejan ver la consecuencia nefasta que puede causar; tanto para la familia como a los hijos. Lo primero que este espíritu enlaza son vendas mágicas, a los ojos y oídos. La persona afectada, no recibe consejos de nadie, ni siquiera viendo el mal, porque queda bloqueado en la mente como en el actuar. Jesús habló con relación a este tema, diciendo:

Marcos 7:21-23 RVR1960
"Porque de dentro, del corazón de los hombres, salen los malos pensamientos, los adulterios, las fornicaciones, los homicidios, los hurtos, las avaricias, las maldades, el engaño, la lascivia, la envidia, la maledicencia, la soberbia, la insensatez. Todas estas maldades de dentro salen, y contaminan al hombre."

Adentro del corazón es donde se acobija toda rebelión, desde el cual sale lo que contaminará a los demás. El apóstol Pablo también afirma claramente, que la lascivia es uno de los males que proceden del corazón, llamándolas "obras de la carne." La palabra carne en el antiguo griego es: /*sarks*/ y define: *Pablo describe las "obras de la carne" como acciones que provienen de la naturaleza pecaminosa del ser humano, en contraste con las obras del Espíritu.*

Gálatas 5:19 RVR1960
"Y manifiestas son las obras de la carne, que son: adulterio, fornicación, inmundicia, lascivia."

Gálatas 6:8 RVR1960
Porque el que siembra para su carne, la voluntad de la carne cosecha corrupción, pero el que siembra para el Espíritu, la voluntad del Espíritu cosecha vida eterna.

De acuerdo al texto de Gálatas, también se le clasifica entre obras de la naturaleza caída no redimida, y muestra que los desobedientes y apóstatas tienen insensibilidad moral. Los incrédulos mantienen su alejamiento espiritual de Dios y en consecuencia, ignoran por completo la verdad; el resultado es su ceguera espiritual y su baja moral.

Efesios 5:19 RVR1960
Los cuales, después que perdieron toda sensibilidad, se entregaron a la lascivia para cometer con avidez toda clase de impureza.

La lascivia es la puerta que se abre para que entren otros espíritus impuros. Hoy en día hay más de 37 actividades inmundas permitidas libremente sin condena en muchos países. Estas identidades espirituales que se le han abierto las puertas a operar, se encuentran afectando a millones de personas, especialmente a niños y adolescentes.

¿Cómo ser libre de la maldad?

Efesios 4:22 RVR1960
"En cuanto a la pasada manera de vivir, despojaos del viejo hombre, que está viciado conforme a los deseos engañosos..."

La palabra *despojaos*, tiene que ver con quitar algo por completo. Por ejemplo: un mendigo que decide deshacerse de sus harapos sucios. Espiritualmente, esto puede ser logrado por medio del arrepentimiento de los pecados y la entrega incondicional a los mandatos de Dios. El "viejo hombre" tiene una naturaleza pecaminosa que ha sido desgastada por completo y es inútil tratar de arreglarla o remendarla.

La Palabra de Dios hace un desafío por adquirir una vestidura totalmente nueva y diferente, ésta se llama "**el nuevo hombre.**" Cuando el ser humano se viste de lo nuevo en Dios, se convierte en un verdadero cristiano. El Espíritu Santo transforma y da la capacidad espiritual para llevar una nueva vestimenta, que da autoridad y poder para confrontar los dardos de Satanás. *La renovación en la mente,* también es importante, porque conlleva a vestirse de lino fino que son las vestiduras de los santos. En este resultado se verá la transformación del carácter de Cristo en la persona.

¡Huye de las Pasiones Desordenadas!

José el hijo de Jacob es un ejemplo nítido acerca de cómo actuar frente a la tentación. En Génesis 39 se menciona la forma sutil que utiliza la mujer de Potifar, no solo para hacerlo caer a José sino para luego desacreditarlo. Los constantes esfuerzos por seducirlo fracasaron ante las firmes convicciones del joven en no ceder frente a la astuta, esposa de su amo.

Este principado de seducción, es nombrado en la Biblia "Jezabel"; un espíritu hechicero de encantamiento que seduce a los débiles de carácter. La Biblia dice, que salió Jose huyendo; si no hubiera tomado esa correcta decisión, nunca hubiera llegado a ser el primer ministro de economía de Egipto. Este espíritu de Lascivia abre las puertas a la hechicería, encantamiento, ceguera de entendimiento y muerte espiritual. Pablo exhorta a su hijo espiritual Timoteo a huir cuando se sienta acosado.

2 Timoteo 2:22 NTV
Huye de todo lo que estimule las pasiones juveniles. En cambio, sigue la vida recta, la fidelidad, el amor y la paz. Disfruta del compañerismo de los que invocan al Señor con un corazón puro.

Las personas consideran que huir de las *"pasiones desordenadas"*, es un acto de cobardía. Sin embargo, en los asuntos espirituales, personas sabias saben que a menudo huir de la tentación es lo más valiente que pueden hacer. Pablo exhortó al joven Timoteo a qué huyera de cualquier cosa que le causara malos pensamientos. Huir, significa: "irse apresuradamente."

¿Hay alguna tentación recurrente que te es difícil resistir? Apártate de cualquier situación que estimule tus deseos de pecar. En la batalla espiritual, saber cuándo huir es tan importante como saber cuándo y cómo pelear. La palabra de Dios te exhorta a guardar el corazón por encima de todo. Dios no quiere que sigas en tu confusa condición Pablo no quería que los corintios continuaran en la misma condición carnal en su última visita a ellos; la cual le produjo gran tristeza y dolor.

2 Corintios 12:21 RVR1960

"...que cuando vuelva, me humille Dios entre vosotros, y quizá tenga que llorar por muchos de los que antes han pecado, y no se han arrepentido de la inmundicia y fornicación y lascivia que han cometido."

Él resalta, de una forma categórica, diciendo que si descubría que todavía estaban practicando lo indecente, serían amonestados y disciplinados. Es más, él declaró que no sería indulgente con tales personas. Pablo estaba dispuesto a usar su autoridad y poder apostólico para tratar en persona, cualquier pecado y rebelión que persistiera allí.

Efesios 4:17-20 RVR1960
"Esto, pues, digo y requiero en el Señor: que ya no andéis como los otros gentiles, que andan en la vanidad de su mente, teniendo el entendimiento entenebrecido, ajenos de la vida de Dios por la ignorancia que en ellos hay, por la dureza de su corazón; los cuales, ... se entregaron a la lascivia para cometer con avidez toda clase de impureza. Mas vosotros no habéis aprendido así a Cristo."

Los verdaderos creyentes deben vivir el resto de sus días, en obediencia y humildad con un deseo ardiente por cumplir la voluntad de Dios; y jamás envolverse en la satisfacción momentánea de los deseos impíos de la carne. La mejor manera de vencer el pecado es estar lo más lejos posible de él, no importando quienes se ofenden.

Romanos 13:11-14 RVR1960
"Y esto, conociendo el tiempo, que es ya hora de levantarnos del sueño; porque ahora está más cerca de nosotros nuestra salvación que cuando creímos. La noche está avanzada, y se acerca el día. Desechemos, pues, las obras de las tinieblas, y vistámonos las armas de la luz."

Éste es el gran desafío que debes asumir, vivir dispuesto a agradar a Dios; teniendo una buena conducta, que es la demostración y evidencia interna de una vida libre y redimida por medio de Nuestro Amado Jesucristo.

¡Clama a Dios para que nunca caigas en tener una mente entenebrecida, que nunca tengas un corazón duro, que nunca pierdas las sensibilidad de la voz del Espíritu Santo!

CAPÍTULO 8

Renuncia a la Pornografía

Cómo la pornografía está envenenando a la sociedad:

La adicción a la pornografía es verdaderamente tóxica ya que drena el alma en un estado de cautividad. Es importante entender que por definición, algo que es tóxico se puede describir como venenoso, destructivo, inseguro o mortal. Toma algo que alguna vez fue completo y saludable, y comienza a descomponerlo.

Es evidente que la pornografía es una epidemia creciente y alarmante en estos días.

Las personas están sujetas a sus efectos nocivos incluso sin darse cuenta por completo. En estos tiempos presente la cultura está saturada de pornografía se aleja cada vez más del plan de Dios para el sexo. Millones de personas, en la sociedad de estos días, sean vuelto tan insensibles a los tentáculos de la pornografía que no la reconocen como algo adictivo y pernicioso.

Un gran porcentaje de los cristianos practicantes, admiten ver pornografía y una gran parte dicen que se sienten cómodos con el hábito, según un nuevo estudio.

"El uso de la pornografía es tan frecuente entre todos los grupos demográficos y la brecha en el uso entre cristianos y no cristianos, así como entre hombres y mujeres, se ha vuelto más estrecha en los últimos años."

Al elegir ignorar el problema, solo le estas dando a la industria de la pornografía espacio para aumentar de tamaño. No puedes mantener la cabeza enterrada en la arena y esperar que las generaciones futuras aparentemente "lo hagan bien" en un mundo que está saturado con la promoción de una sexualidad no saludable. Aunque todavía se encuentran que los cristianos practicantes ven la pornografía con menos frecuencia que los no cristianos, la brecha entre los dos grupos fue de solo 14 puntos porcentuales. Alrededor del 54% de los cristianos informaron haber visto pornografía en comparación con el 68% de los no cristianos. Es alarmante que el 57 % de los adolescentes buscan pornografía de manera compulsiva y solo el 12% de los padres saben que su hijo/a está accediendo a pornografía.

El ministerio haciendo pacto con mi ojos también informa que el 79% de la exposición no deseada a la pornografía en los jóvenes de hoy tiene lugar dentro del hogar. También se ha comprobado que el 56 por ciento de los casos de divorcio involucran a una de las partes que tiene un interés obsesivo en sitios web pornográficos. En general, el 75% de los hombres cristianos y el 55% de las mujeres cristianas informaron haber consumido pornografía en algún nivel. Estas estadísticas son sumamente alarmantes.

Las estadísticas revelan que no se puede ignorar el aumento en la cantidad y el alcance de la pornografía. Pero no es sólo un problema que afecta a los hombres, sino también a Las mujeres, los adolescentes y los niños también están atrapados en la red de pornografía a un ritmo acelerado.

"A pesar de la postura de la Iglesia contra la lujuria en general, parece que se ha avanzado poco para disuadir a muchos de los que asisten a diferentes congregaciones más continúan atados por el consumo de pornografía específicamente, dijeron los investigadores." "La brecha entre las creencias y el comportamiento real plantea preguntas sobre la eficacia de los enfoques actuales dentro de las iglesias y comunidades de fe."

El estudio señaló que en los últimos años desde que se publicó el informe por primera vez, el rápido cambio en el panorama cultural y digital ha agravado los problemas en la Iglesia con la pornografía y el comportamiento sexual no deseado.

Muchos cristianos pueden suponer que la iglesia es inmune. Ven los rostros sonrientes de las personas que asisten a su iglesia. Ciertamente, gente tan piadosa no podría estar viendo pornografía. Pero han aparecido muchos estudios e informes en los últimos años que muestran un panorama bastante inquietante.

Es sumamente preocupante que el cristiano promedio no está experimentando libertad en esta área — 75% por ciento de los hombres cristianos y 60% por ciento de las mujeres cristianas informan que están viendo pornografía."

Nick Stumbo, director ejecutivo de Ministerios de Deseo Puro, llego a decir, señalando que las estadísticas de uso de pornografía entre los adultos más jóvenes de hoy, Gen Z, "son aún peores." "Lo que puede ser más preocupante es que más de la mitad de los cristianos que usan pornografía dicen que se sienten cómodos con su uso del porno. La realidad para aquellos que luchan en la Iglesia es que ellos también a menudo sienten que están solos.

Se calculan que en la redes hay más de 1.000 millones de sitios web pornográficos, lo que suma millones de páginas de pornografía. Los ingresos anuales de la industria del porno son MÁS que los de la NFL, la NBA y la MLB juntos. También es más que los ingresos combinados de ABC, CBS y NBC. Esta es una de las estadísticas más conocidas sobre el comportamiento de los internautas a nivel global, una tendencia que alimenta una "industria sexual" que sigue su crecimiento y diversificación.

El impacto en las comunidades cristianas sería más alto de lo pensado, si haces caso de los estudios hechos en Estados Unidos, un país representativo porque combina su protestantismo histórico con el hecho de ser el mayor productor de pornografía. La mitad de las familias cristianas consultadas allí apuntan a la pornografía como un problema importante, en que se debaten miles de hogares.

El 47% de las familias en los Estados Unidos informaron que la pornografía es un problema en su hogar. El uso de pornografía aumenta la tasa de infidelidad conyugal en más del 300%.

Los datos que ofrece la organización JustOneClickAway, la cual es una plataforma, lanzada por el autor Josh McDowell, muestra en un impactante videoclip cómo la pornografía ha hecho un impacto silencioso en la mayoría de familias, incluidas las cristianas. La propia industria pornográfica reconoce que más del 20% de consumidores de sus contenidos son menores de edad. La edad media en la que se visiona por primera vez un contenido pornográfico es a la edad de 11 años, y esto es sumamente desesperante y preocupante.

La gente que es adicta y cautiva a todo esto a menudo dirá que se siente como si fuera dos personas diferentes." Las prioridades normales de la persona cambian por completo. "Esa segunda persona llega a dominar tanto que deja de importarle todo aquello que le rodea, con tal de conseguir una dosis más." "Lógicamente el matrimonio se resiente, los hijos quedan a un lado... La adicción suprime la ternura y la compasión, para dejar su espacio a la indiferencia, cuando no al menosprecio o al maltrato."

Cuando se le preguntó, 'Quién te está ayudando con tu lucha con la pornografía,' un asombroso 82% de los cristianos dicen 'nadie.' El aislamiento es el patio de recreo de los demonios o espíritus inmundos,"

El líder de Ministerio Deseos Puros dijo, que la Iglesia necesita ser el lugar donde la gente pueda liberarse del hábito preocupante que tantos cristianos han aceptado ahora, en forma sutil y engañosa influenciados por las mismas tinieblas del diablo.

Casi la mitad, el 49%, de los cristianos practicantes que también son usuarios de pornografía dijeron que se sentían cómodos con su nivel de uso en comparación con el 73% de los no cristianos. Otro 21% expresó su deseo de abstenerse por completo. El 68% de los hombres que van a la iglesia y más del 50% de los pastores ven pornografía regularmente. De los adultos jóvenes cristianos de 18 a 24 años, el 76% busca activamente pornografía.

Solo el 13% de las mujeres cristianas que se identifican a sí mismas dicen que nunca ven pornografía: el 87% de las mujeres cristianas han visto pornografía. El 57% de los pastores dice que la adicción a la pornografía es el problema más dañino en su congregación. Y el 69% dice que la pornografía ha impactado negativamente a la iglesia. Solo el 7% de los pastores dice que su iglesia tiene un programa para ayudar a las personas que luchan contra la pornografía.

Es importante que entiendas como afecta el cerebro la adición de ver pornografía:

1. La pornografía cambia tu cerebro:
Cuando estás viendo pornografía, no son solo tus ojos los que están involucrados. Los productos químicos y los circuitos dentro de tu mente entran en acción. Comienzan a formar vías en tu cerebro que se incrustan más con cada pieza de pornografía que miran tu ojos. "Ocurren múltiples problemas cuando se usa la pornografía. Primero, en lugar de formar una conexión profunda con una persona, tu cerebro termina "vinculándose" a una experiencia pornográfica. La dopamina es una de las poderosas sustancias químicas que impulsan el centro de recompensa del cerebro. Ver pornografía hace que los niveles de dopamina suban y bajen, creando el deseo de más imágenes. "Cuando los receptores de dopamina caen después de demasiada estimulación, el cerebro no responde tanto y sienten menos recompensa por el placer. Eso te lleva a buscar aún más los sentimientos de satisfacción, sesiones de pornografía más largas o ver pornografía con más frecuencia, lo que adormece

aún más el cerebro."

2. La pornografía afecta negativamente tus relaciones:

Puedes pensar que tu visualización de pornografía solo te está afectando a ti. Desafortunadamente, la pornografía cambia tus relaciones con tus hijos, familiares, amigos y muchas otras personas. Especialmente tu esposa. La pornografía rompe el vínculo de la confianza, el aislamiento y establece estándares poco realistas que tu esposa siente que debe cumplir para competir con las mujeres que estás viendo. "La adicción sexual no es algo que deba tomarse a la ligera. Es un destructor de relaciones y un corruptor del cuerpo de Cristo. Satanás lo usa contra hombres y mujeres para aplastarlos y dividirlos mientras cubren la vergüenza con mentiras y medias verdades."

3. No era el trabajo soñado de la actriz o del actor:

"La industria de la pornografía de California es una industria destructiva, infestada de drogas, abusiva y sexualmente enferma que causa efectos secundarios negativos severos en los trabajadores de la industria de adultos masculinos y femeninos, así como en el público en general."

¿Alguna vez te has preguntado por qué el pecado sexual es contra tu propio cuerpo?

1 Corintios 6:18 NTV ·
¡Huyan del pecado sexual! Ningún otro pecado afecta

tanto el cuerpo como este, porque la inmoralidad sexual es un pecado contra el propio cuerpo.

Este texto advierte de las consecuencias físicas y negativas del pecado sexual: una profanación del Templo Sagrado, tu cuerpo, que alberga al Espíritu Santo:

"Huid de la inmoralidad sexual. Todos los demás pecados que una persona comete están fuera del cuerpo, pero el que peca sexualmente, peca contra su propio cuerpo."

Ahora, la ciencia confirma exactamente cómo te daña el pecado sexual: daña tu cerebro. Ya sea que se trate de sexo prematrimonial, adulterio o ver pornografía, el pecado sexual altera tu función cerebral y, cuando se comete repetidamente, puede conducir a una conciencia cauterizada, un fenómeno cerebral real que te insensibiliza ante la culpa y la convicción de tus malas acciones.

Reconectando Tu Cerebro

Las hormonas de unión, la oxitocina y la vasopresina, forman un nuevo cableado del cerebro. Fundamentalmente, las hormonas de unión de la oxitocina y la vasopresina forman un nuevo cableado del cerebro cuando se consume el material incorrecto, lo que atrae al individuo a una prisión más profunda que ellos mismos crearon. "Cuando tú tienes una tendencia compulsiva por la pornografía, tu cerebro produce estos opiáceos que son cuatro veces más fuertes que la morfina. Esto golpea tu cerebro, esta es la recompensa química más alta que tu cerebro obtiene por cualquier cosa. Es por eso que muchos muchachos se meten en problemas, incluso en el ministerio. No saben que su cerebro es defectuoso." Cuando el cerebro ha sido cambiado de esta manera, el pecado sexual cobra un precio profundo.

El individuo sabe que ver pornografía es un acto vergonzoso y que debe mantenerse en secreto, sin embargo, cada vez que lo ve, se encuentra confiando más en sí mismo, siendo conducidos a un pozo profundo donde es sutilmente atrapado en un ciclo destructivo.

Conciencia Cauterizada

Es allí donde hay una parte de tu cerebro que es responsable de condenarte por haber actuado mal. Es esa vocecita dentro de ti que llamas tu conciencia. Sin embargo, si continúas participando en ese comportamiento incorrecto, eventualmente te vuelves insensible a esta presencia convincente. Esa parte de tu cerebro simplemente deja de responder. En efecto, tu conciencia está cauterizada, tal como dice la Biblia:

1 Timoteo 4:2 PDT
Esas enseñanzas llegan a través de mentirosos quienes con sus palabras falsas engañan a la gente. Ellos no saben la diferencia entre el bien y el mal. Es como si su entendimiento hubiera sido quemado con hierro candente.

Eso no es todo. Cuando esta área de su cerebro permanece activa de forma crónica, eventualmente también afectará tu capacidad de pensar.

El Dr. Tim Jennings, colaborador experto de Conquer Series , explica:
"Las personas que dañan sus centros de placer de esta manera a menudo no estarán interesadas en las relaciones saludables, a menudo se volverán apáticas y buscarán comportamientos de más alto riesgo o drogas, a medida que el cerebro se transforma deteriorándose también lo hace en un violento comportamiento. Los cambios pueden ser sutiles, pero se debe invertir una gran cantidad de energía para mantener una vida secreta de adicción a la pornografía.

Es necesario usar máscaras. La pretensión debe mantenerse. El aislamiento, el secreto, la vergüenza y la culpa pueden comenzar a mostrarse externamente, y un miedo muy real de ser expuesto lo corroe interiormente.

El Dr. Weiss nos dice en la serie **Conquer**:
"La pornografía y otros pecados sexuales pueden entrar en el corazón de un hombre o mujer hasta el punto de reemplazar a Dios; se convierte en un ídolo. **¿Y cómo sabes que es un ídolo?** Cuando tienes dolor, acudes a tu ídolo, cuando estás en necesidad acudes a tu ídolo, cuando estás herido, acudes a tu ídolo, cuando quieres celebrar, acudes a tu ídolo."

Romanos 12:2 RVR1960

"No os conforméis al modelo de este mundo, sino transformaos mediante la renovación de vuestra mente. Entonces podréis probar y aprobar cuál es la voluntad de Dios: Su voluntad buena, agradable y perfecta."

Así que no importa lo que haya sucedido en el pasado, ¡tú también puedes olvidar lo que queda atrás y convertirte en más que un vencedor en Cristo! Al abordar este tema de frente con cuidado, comprensión y apoyo práctico, las iglesias pueden cumplir su papel como lugares de sanidad, liberación y restauración. Esta es una de la razones, porque es importante que cada hombre o mujer, pueda participar de este discipulado sumamente importante donde se están compartiendo, verdades tangibles, **para entender la verdadera integridad y pureza en la vida cristiana.**

Los mercaderes de la suciedad moral que es la pornografía, están tratando de encontrar más adictos para llenar aún más sus bolsillos. La sociedad es la que paga. Escasamente hay leyes que la prohíban. Y ninguna porno es inocua, o "leve". **Se pierde la racionalidad, se entorpecen las facultades superiores: la inteligencia, la voluntad, la capacidad de elegir el bien moral, dejándose la persona a la descontrolada fuerza del instinto de perversión.**

Satanás utiliza hoy en día un instrumento antiguo

para atacar a muchos cristianos y a la humanidad, el ataque sexual a través de la pornografía, que en los Estados Unidos y el resto del mundo occidental es un mal que ya tiene estadísticas alarmantes y es comparada como una epidemia mundial, degradando a millones de humanos en las más bajas condiciones de la inmoralidad y existencia humana.

Para muchos la pornografía comienza como un juego que implica a la mente, la imaginación y la fantasía, en otras oportunidades como curiosidad, aunque debes de entender que son miles de espíritus demoniacos de lujuria los que promueven la pornografía y la cual utilizan para esclavizar y cautivar a millones de hombres y mujeres, sin considerar el Temor a Dios. La perversión, naturalmente, implica mucho más que la pornografía.

No obstante, en la batalla por la mente, ella representa una de las principales puertas abiertas a la estimulación ilícita de la imaginación, y la fantasía. La pornografía tiene algo que ver con la sociedad indulgente y llena del espíritu de la tolerancia en la que hoy viven los humanos, es parte de la mentalidad del propio yo llevándole a realzar el ego, la cual se ha apoderado de la mayor parte de la humanidad. Es evidente que esto no es otra cosa que una gran confrontación en el mundo espiritual que intenta destruir por completo la verdadera moralidad en los hombres y mujeres.

La pornografía se origina en la naturaleza pecaminosa y los deseos malignos del corazón humano.

En todo esto se destaca cuatro pasos en el desarrollo del estilo de vida de quienes han absorbido gran cantidad de pornografía explícita. Dicho desarrollo empieza primero con una **ADICCIÓN**, es decir, una condición en la que existe un deseo continuo de exponerse a contenido degradantes y llenos de perversión. Esta adicción es en todo sentido tan fuerte como la adicción a las drogas.

El segundo paso es el **ASCENSO ADICTIVO**. El usuario de la pornografía empieza a sentir la necesidad de exponerse a material más perverso y más explícito.

El tercer paso es el de la **INSENSIBILIZACIÓN**. Para el usuario de la pornografía, lo que al principio le resultaba chocante y repulsivo, con el tiempo llega a ser algo común y corriente, y haciéndose insensible a toda degradación y perversión.

El cuarto y último paso, es el de la **TENDENCIA IMITATIVA**, es decir, cuando el individuo empieza a actuar según lo que ha visto.

¿Qué Dice la Biblia Sobre la Pornografía?

"Pues habiendo conocido a Dios, no le glorificaron como a Dios, ni le dieron gracias, sino que se

**envanecieron en sus razonamientos, y su necio corazón
fue entenebrecido.** *Por lo cual también Dios los entregó
a la inmundicia, en las concupiscencias de sus
corazones, de modo que deshonraron entre sí sus
propios cuerpos..."* **Romanos 1:21,24.** *RVR1960*

En la misma carta nos dice:

Romanos 13:13 *RVR1960*
*"Andemos como de día, honestamente; no en
glotonerías y borracheras, no en lujurias y lascivias, no
en contiendas y envidia sino vestíos del Señor
Jesucristo, y no proveáis para los deseos de la carne."*

Mantener una vida realmente moral en la cultura
saturada de sexo de hoy en día es una verdadera
guerra espiritual. Se utiliza varias veces en el Nuevo
Testamento, de entrega al vicio, corrupción y
comportamiento sexual ilícito sin restricciones ni
consideración por los sentimientos de otros.

En **Efesios 4.17–19**, Pablo habla de personas que
*"andan en la vanidad de su mente, teniendo el
entendimiento entenebrecido, ajenos de la vida de
Dios por la ignorancia que en ellos hay, por la dureza
de su corazón; los cuales, después que perdieron toda
sensibilidad, se entregaron a la lascivia para cometer
con avidez toda clase de impureza."*

Enseñanza Bíblica:
Por un lado, es obvio que muchos son los que dicen,
que en tiempos bíblicos no existía la tecnología para

reproducir imágenes que era necesaria para crear los materiales de la pornografía, sean impresos, video o digitales. Este es un vicio moderno. Se puede considerar por lo tanto a la pornografía como una extensión de la lujuria entonces la Biblia sí tiene algo que decir acerca del asunto y es que es absolutamente inapropiado. Especialmente importante es el pasaje en **Mateo 5:27-28** donde Jesús dice:

Ustedes han oído que se dijo: "No cometas adulterio." Pero yo les digo que cualquiera que mira a una mujer y la codicia ya ha cometido adulterio con ella en el corazón.

Tienes que notar que la codicia a la que Jesús se refiere puede incluir más que deseo sexual, no puede ser menos que eso, y mirar a una mujer (u hombre) para codiciarla es precisamente lo que proyecta la pornografía. Los materiales y los métodos de distribución serán nuevos, pero lo que ocurre dentro de la mente del ser humano es lo mismo que ha ocurrido por siglos: Jesús está señalando aquí que el adulterio es algo que ocurre en el corazón, no solo en el acto físico sexual. Y el acto en la imaginación es el mismo tipo de cosa que el acto en vivo. Es el mismo tipo de pecado. Este mensaje de Jesús es un mensaje que confronta el pecado, para aquellos que creen que como ellos no han tocado a una mujer no han hecho nada malo. No, dice Jesús. Si la deseaste ya has cometido una especie de adulterio.

Los hogares cristianos lamentablemente están siendo invadidos por los medios de comunicación, como ser, televisión, Internet, en particular las películas, los videos y las diferentes plataformas digitales, incluyendo la IA, son las que promueven la desnudez y las actividades sexuales ilícitas a una velocidad impensable; se jactan de que las imágenes y los relatos se harán cada vez más explícitos, en la "cultura" (ropa, música, "arte", bailes), en el lenguaje y la forma de divertirse.

Jesús elevó el papel y la dignidad de las mujeres, de modo que los cristianos sienten repulsión cuando se atenta contra su dignidad en los materiales pornográficos.

Es sumamente alarmante como millones de seres humanos están siendo saturados de Información Errónea

La pornografía en sí es un crimen; sus víctimas están por todas partes, pues esta incita a las personas que en su imaginación cometan adulterio mental o fornicación; produce deseos contrarios a la voluntad de Dios, especialmente en los hombres, haciéndoles peligrosos en potencia para las mujeres y los niños. Cuando el ser humano sede a sus apetitos sexuales y comienza a ver videos, películas y revistas explícitas o por Internet, descubren que se han vuelto adictos a la pornografía y esta conlleva a ser esclavos de espíritus demoniacos. De esta manera comienza la lucha con esta adicción que paraliza la vida espiritual, pervierte la forma de ver el mundo, deforma la vida social y destruye cualquier posibilidad de que Dios pueda utilizar a una vida en tales condiciones. Hoy más que nunca se debe mantener una posición radical enseñando y advirtiendo el mal que esto causa, ya que hoy en día son muchos los creyentes que están y han cruzado voluntariamente esa línea invisible y se han colocado en el terreno del enemigo.

Estos son esclavos de una forma de vida que los conduce a la aflicción y a la ruina, y no saben cómo dejarla. Aunque se quiera negar, el hombre o mujer promedio sabe que la pornografía se ha introducido en sus vidas. Hoy más que nunca se debe entender que el mensaje para la Iglesia del Señor que el Espíritu Santo está impartiendo es una señal de advertencia y alerta a cada momento. Desgraciadamente, muchos cristianos están siendo atrapados sutilmente por la pornografía y se han visto tentados a buscar relaciones sexuales con mujeres o niños, aun cuando no las querían llevar acabo. ¡Cuántos incestos y violaciones hay como resultado de esta degradante perversión causada por la pornografía!

En la mayoría de los casos, los problemas comienzan por haber sido víctimas de abusos sexuales en la infancia o por estar esclavizados o adictos a la pornografía desde la adolescencia o la juventud. Es de entender que Dios diseñó la sexualidad marital para que brotara en el contexto de una relación íntima y cariñosa, donde siempre estuvieran presentes el cuidado del otro, la comunicación, el servicio y la ternura. Cuando esos valores se cultivan en el matrimonio, despiertan la atracción, y se convierte en una expresión de interés y amor, una forma de decir:

«Me importas. Te quiero y deseo comunicártelo con ternura».

La pornografía es devastadora para los niños cuando caen en sus garras y de igual forma en los adolescentes, conduciéndolos a menudo a la experimentación equivocada cuyos resultados son muy destructivos.

Da el paso audaz de levantarte y luchar por la integridad sexual, no solo para ti sino también para tu matrimonio, familia, iglesia y comunidad.

CAPÍTULO 9

Siendo Libre del Espíritu de Pornografía

Cómo Dejar la Pornografía

La pornografía ha permeado la sociedad y se ha convertido en una tentación difícil de resistir para muchos llamados creyentes. Es importante reconocer que la pornografía no está alineada con los valores y enseñanzas cristianas. La Biblia te llama a la pureza sexual, a guardar tu ojos y pensamientos de lo impuro. Sin embargo, la pornografía te tienta y te arrastra hacia una realidad distorsionada y destructiva. Abordar el problema de la pornografía desde una perspectiva cristiana es esencial para vivir una vida en plena comunión con Dios y en obediencia a sus mandamientos. No puedes ignorar este desafío, sino que debes enfrentarlo con valentía y buscar la transformación que Dios desea para tu vida por completo.

En este capítulo leerás cómo dejar la pornografía desde una perspectiva cristiana. Examinarás los efectos negativos de la pornografía en la vida espiritual y personal, aprendiendo estrategias prácticas y basadas en la fe para superar esta lucha que posiblemente te asedia. Reconoce que la pornografía es un tema delicado y sensible, pero también debes de creer en la redención y la restauración que Dios ofrece a aquellos que buscan su ayuda, sanidad y liberación por completo. Te has preguntado cómo puedes vivir una vida cristiana en pureza, libre de las cadenas de la pornografía. Recuerda que en Cristo tienes la fortaleza para superar cualquier desafío y que Dios siempre está dispuesto a guiarte y ayudarte en tu camino hacia la libertad.

1. Comprender el impacto de la pornografía en la vida cristiana

La pornografía es un tema delicado pero importante de abordar desde una perspectiva cristiana. Aunque puede ser incómodo hablar de ello, es esencial comprender los efectos negativos que la pornografía pueden tener en tu vida espiritual, en tu relación con Dios y tu vida personal. En primer lugar, la pornografía afecta tu espiritualidad. Como creyente, tu objetivo es buscar una relación profunda con Dios y crecer espiritualmente. Sin embargo, la pornografía te separa de Dios y obstaculiza tu comunión y relación con Él.

Isaías 59:2 **NTV**
"Son sus pecados los que los han separado de Dios. A causa de esos pecados, él se alejó y ya no los escuchará."

Al consumir pornografía, te expones a imágenes y contenido que son contrarios a la santidad y pureza que Dios desea para tu vida. Además, la pornografía distorsiona tu percepción de la sexualidad y contradice los valores y enseñanzas cristianas sobre la pureza sexual y la dignidad humana. La Biblia te enseña que la sexualidad fue diseñada por Dios para ser una expresión íntima y sagrada dentro del matrimonio. La pornografía, en cambio, presenta una visión distorsionada y superficial de la sexualidad, reduciendo a las personas a objetos de gratificación sexual y fomentando la lujuria y el deseo egoísta.

La pornografía también puede tener un impacto negativo en tu vida personal. Puede generar sentimientos de culpa, vergüenza y baja autoestima. Además, puede afectar tus relaciones con los demás, incluyendo a tu cónyuge, familiares y amigos. La pornografía puede distanciarte de las personas que amas y debilitar la confianza en tus relaciones. Reflexionar sobre estos efectos negativos te ayuda a comprender la importancia de dejar la pornografía en tu vida cristiana. Reconocer cómo la pornografía contradice los valores y enseñanzas cristianas te motiva a buscar la pureza sexual y a vivir en obediencia a los mandamientos de Dios.

El enemigo usa el cuadro de una persona desnuda para destruirte, para destruir tu hogar, destruir ministerios y destruir iglesias. La pornografía no glorifica el sexo si no que lo denigra. La pornografía no honra a la mujer, sino que la presenta como un animal o un objeto sin valor que se usa.

Integridad y Pureza

Romanos 1:32 ^NTV
Saben bien que la justicia de Dios exige que los que hacen esas cosas merecen morir; pero ellos igual las hacen. Peor aún, incitan a otros a que también las hagan.

Muchas mujeres han perdido a sus esposos porque la pornografía se los ha robado; estos hombres encuentran más satisfacción en la pornografía que en las caricias de su esposa. Ya que es un hábito que por años les ha venido modificando el cerebro y les roba la capacidad de ser satisfechos por una relación sexual con su esposa. La pornografía es uno de los vicios más difíciles de dejar, comparable con las drogas. Requieren de un proceso de desintoxicación e incluso ayuda profesional, junto con un acompañamiento espiritual, como muchas otras adicciones.

2. Renovación de la mente y el corazón
En la lucha contra la pornografía en la vida cristiana, es fundamental entender la importancia de renovar tu mente y tu corazón según la Palabra de Dios.

Romanos 12:2 ^NTV
No imiten las conductas ni las costumbres de este mundo, más bien dejen que Dios los transforme en personas nuevas al cambiarles la manera de pensar. Entonces aprenderán a conocer la voluntad de Dios para ustedes, la cual es buena, agradable y perfecta.

128

La renovación implica un cambio profundo en tu forma de pensar, tus deseos y tus actitudes. A través de este proceso, puedes experimentar la transformación que Dios desea para ti. La Palabra de Dios te anima a renovar tu mente y a llenarla con pensamientos puros y edificantes.

Si quieres conocer más acerca de cómo renovar la mente, te recomiendo leer el libro que hemos escrito titulado "*Anakainosis* de Tu Mente."

Filipenses 4:8 *NTV*
Y ahora, amados hermanos, una cosa más para terminar. Concéntrense en todo lo que es verdadero, todo lo honorable, todo lo justo, todo lo puro, todo lo bello y todo lo admirable. Piensen en cosas excelentes y dignas de alabanza.

Se te anima a pensar en todo lo que es verdadero, noble, justo, puro, amable y digno de elogio. Esto implica tomar conciencia de tus pensamientos y ser selectivos acerca de lo que permites que ocupe tu mente. Una estrategia poderosa para combatir los pensamientos y deseos impuros es la meditación en la Biblia. La meditación implica reflexionar profundamente en los pasajes bíblicos, escrudiñar sus enseñanzas y permitir que transformen tus pensamientos y deseos. Al meditar en la Palabra de Dios, fortaleces tu mente y te enfocas en la verdad divina que te ayuda a resistir la tentación de la pornografía.

La oración también desempeña un papel fundamental en la renovación de tu mente y corazón. A través de la oración, te acercas a Dios, buscando su fortaleza y le entregas tus luchas y tentaciones. Puedes pedirle a Dios que renueve tus pensamientos y deseos, y que te ayude a encontrar satisfacción y plenitud en Él en lugar de buscarla en la pornografía.

1 Pedro 3:12 NTV
Los ojos del Señor están sobre los que hacen lo bueno, y sus oídos están abiertos a sus oraciones. Pero el Señor aparta su rostro de los que hacen lo malo.

Además de la oración, es esencial buscar la presencia de Dios en tu vida diaria. Esto implica cultivar una relación íntima con Él a través del estudio de la Biblia, la adoración, la participación en la comunidad cristiana y la obediencia a sus mandamientos. Cuanto más cerca estes de Dios, más fácil será resistir la tentación de la pornografía y encontrar satisfacción en su amor y propósito para tu vida. Recuerda que la renovación de la mente y el corazón no es un proceso instantáneo, sino que requiere tiempo, perseverancia y dependencia de Dios. A medida que te sumerges en su Palabra, buscas su presencia y oras sin cesar, experimentaras una transformación interior que te llevará a vivir en pureza y libertad.

3. Rendición de cuentas y buscar apoyo
En el camino de dejar la pornografía en la vida

cristiana, es vital buscar apoyo en la comunidad cristiana. No estas destinado a enfrentar esta lucha solo, sino que Dios te ha diseñado para vivir en comunidad y ayudarte continuamente. En momentos de debilidad y tentación, es reconfortante tener amigos, mentores y grupos de apoyo que te respalden y te animen, acércate a un grupo de mentores, lideres espirituales que esté totalmente libres con la autoridad dada por Dios y sus corazones sanados para poder ministrar. Buscar apoyo en la comunidad cristiana puede implicar compartir tu lucha con personas de confianza, como amigos cercanos o líderes que amen al Señor intensamente. Al abrirte con ellos, encontraras un espacio seguro para compartir tus luchas y recibir aliento, consejo y oración. Por eso es muy importante buscar ayuda para abrir tu corazón para iniciar un proceso de sanidad y liberación, lo importante es reconocer que estas atado y que ya se volvió una atadura, difícil de dejar, pero en manos de Dios si lo puedes vencer cuando reconoces tu cautividad.

Santiago 5:16 NTV
Confiésense los pecados unos a otros y oren los unos por los otros, para que sean sanados. La oración ferviente de una persona justa tiene mucho poder y da resultados maravillosos.

La rendición de cuentas es un componente crucial en el proceso de dejar la pornografía. Al rendir cuentas a alguien de confianza, te sometes a la transparencia y la responsabilidad. Esta persona puede hacerte preguntas difíciles, animarte a seguir adelante y ayudarte a resistir la tentación. La rendición de cuentas te ayuda a mantenerte firme en tu compromiso de vivir una vida en pureza y te brinda un sistema de apoyo constante.

Proverbios 28:13 ᴺᵀⱽ
Los que encubren sus pecados no prosperarán, pero si los confiesan y los abandonan, recibirán misericordia.

El enemigo siempre te va a decir ese pecado no lo confiese, ¿saben por qué? Él te quiere tener esclavo y la única manera de desenmascarar es confesar todo, además si no lo haces él tiene un derecho sobre ti y por eso no recibes las bendiciones. Es importante buscar mentores o guías espirituales que puedan ofrecer sabiduría y orientación en este viaje. Estas personas pueden tener experiencia en superar desafíos similares y pueden brindarte una perspectiva valiosa desde su caminar con Dios. Buscar su guía te ayuda a evitar las trampas y te impulsa a seguir creciendo en tu vida espiritual. Además de buscar apoyo en personas de confianza, también puedes considerar unirte a grupos de apoyo específicos para la lucha contra la pornografía. Estos grupos proporcionan un ambiente seguro donde puedes compartir tus experiencias, escuchar las historias de otros y aprender de estrategias que han sido efectivas para otros en su camino hacia la libertad. Estos grupos ofrecen un sentido de pertenencia y comprensión, y te animan a seguir adelante en tu lucha. Al buscar apoyo en la comunidad cristiana y practicar la rendición de cuentas, te darás cuenta de que no estás solo en esta batalla. Dios te ha provisto de personas dispuestas a caminar junto a ellos y te brindaran el apoyo necesario. A través de la rendición de cuentas y el apoyo mutuo, encontraras fortaleza, aliento y perseverancia para dejar la pornografía y vivir una vida en pureza y libertad en Cristo.

4. Eliminar las influencias y tentaciones
En el proceso de dejar la pornografía en la vida cristiana, es esencial identificar y eliminar las fuentes de tentación que te rodean. Tu exposición a contenido inapropiado puede actuar como una puerta abierta a la tentación, por lo que es importante tomar medidas para eliminar estas influencias negativas de tu vida. Una de las primeras acciones que puedes tomar es desactivar las cuentas de redes sociales que promueven la pornografía o que te exponen a contenido sexualmente explícito. Estas plataformas pueden ser una fuente principal de tentación, ya que facilitan el acceso a material inapropiado. Al eliminar o desactivar estas cuentas, reduces significativamente tu exposición y la probabilidad de caer en la tentación.

Además, puedes establecer filtros de contenido en tus dispositivos electrónicos, como computadoras, teléfonos y tabletas. Estos filtros ayudan a bloquear el acceso a sitios web y contenido inapropiado, brindando una barrera adicional de protección. Al configurar y utilizar estos filtros, creas un entorno digital más seguro y reduces las oportunidades de caer en la tentación.

1 Corintios 10:13 NTV
Las tentaciones que enfrentan en su vida no son distintas de las que otros atraviesan. Y Dios es fiel; no permitirá que la tentación sea mayor de lo que puedan soportar. Cuando sean tentados, él les mostrará una salida, para que puedan resistir.

Eliminar las influencias y tentaciones no solo implica alejarte de lo negativo, sino también llenar ese vacío con actividades alternativas y saludables. Es importante encontrar formas constructivas de ocupar tu tiempo y canalizar tus esfuerzos de manera positiva. Una opción es involucrarte en el servicio a los demás. El servicio te aleja del enfoque en ti mismo y te permite enfocarte en las necesidades de los demás. Participar en actividades de voluntariado en tu iglesia o comunidad, ayudar a los necesitados o participar en proyectos benéficos te brinda una sensación de propósito y contribución. Al dedicar tiempo a leer, meditar y reflexionar en las Escrituras, te fortaleces espiritualmente y renuevas tu mente. La Palabra de Dios te guía hacia la verdad y te ayuda a resistir la tentación.

5. Recuperación y restauración
Después de dejar la pornografía en la vida cristiana, comienza un proceso de recuperación y restauración tanto a nivel emocional como espiritual.

Es importante comprender que este proceso lleva tiempo y requiere un compromiso constante, pero también ofrece la esperanza de una vida renovada y liberada del peso de la adicción. En primer lugar, es esencial reconocer la gracia y el perdón de Dios en este camino de recuperación. La pornografía es una lucha y una caída, pero Dios es compasivo y misericordioso, para liberarte por completo y levantarte.

Debes de entender el significado de la liberación.

La primera cosa que debe hacer la persona cautivada por esta inmoralidad y pecado es reconocer que posee un problema, que tiene un mal habito, que esta adicto(a) o posee este vicio; debe ver el grado de profundidad en el que se encuentra dentro de la pornografía e ir a nuestro Señor Jesucristo y pedirle el oportuno socorro.

Uno de los primero síntomas de la recuperación es el convencimiento de saber que la persona está atada en la pornografía y que ha utilizado muchos sistemas, consejos, "terapias" para salir de ella y todas han sido inútiles, no porque lo hayan sido, sino porque la persona en si no la ha reconocido.

Debes saber que estás luchando con fuerzas que van más allá de tus fuerzas humanas y que debes de requerir ayuda del Señor y de ministros y lideres con autoridad espiritual y vidas que amen la santidad para que puedan ministrarte.

Para muchos es difícil confesar este pecado que muchos viven a diario, por la privacidad que requiere el área sexual, pero de igual forma debes saber qué es eso mismo que utiliza el enemigo para que sigas atado por más tiempo. La confesión es el inicio; la confesión a Dios y aquellos que van a ministrar por ti delante de la presencia del Señor, para que te libere por completo y todas las cadenas sean rotas. Si no lo dejas ahora y buscas ayuda, tu esclavitud no hará más que aumentar. Si eres un consumidor ocasional, rompe por completo en este momento con esa atadura. Controla lo que ves en el cine, la televisión o los videos e Internet. Niégate a comprar, ver o leer cualquier literatura pornográfica.

La libertad que experimentarás habrá valido la lucha inicial. **«El Hijo del Hombre te libertará y serás verdaderamente libre»**. Esa libertad vale más que todo el oro del mundo. La falta de dominio propio y de santidad en las áreas de la vida sexual del creyente es el énfasis principal de la enseñanza de Pablo y para ello debes convencerte que debes entrar en una disciplina más, en una más de las muchas que ya vives. Lo sexual no sale de contexto. A esto Dios le llama Dominio Propio: la capacidad de entrar en una disciplina para alcanzar un objetivo, dominio propio que es acompañado de una consagración por medio de la oración y la lectura de la Palabra de Dios, diaria. La mayoría de los afectados a la pornografía reconocen que no poseen una vida espiritual consagrada, sino que solo son pasivos dentro de su iglesia local, donde una vida de oración no es su característica número uno y la lectura diaria y sistemática de la Palabra de Dios de igual forma no los destaca.

No es solo el leer, sino de alcanzar lo que te aconseja el mismo Señor Jesucristo, "escudriñad Las Escrituras."

Debes llevar cautivo todo pensamiento a Dios, es decir, que aunque te sea insignificante un pensamiento sexual, debes de decirlo a Jesús, para que él tome control de ello. Los sentimientos encontrados que vive una persona involucrada en la pornografía, donde por un lado desea en el alma no volver a incurrir en esta práctica pecaminosa y, por el otro lado reincidir buscando todos los elementos que hacen que dicho pecado se conciba, hacen de él o ella una víctima sin paz en las manos de satanás. El salir de la pornografía es una batalla contra espíritus demoniacos.

La disposición por ser libre de todo esto lo tienes que anhelar, nadie puede ser libre sino no reconoce que está atado. De igual manera cerciórate que la persona que te ayuda esté libre de todo, o que haya sido definitivamente libre para siempre.

Tienes que asumir un compromiso de lucha en esta guerra espiritual; los resultados te sorprenderán. Desde ya te damos a conocer que serás victorioso.

Serás un nuevo soldado que se suma a la lista de los que han vencido la pornografía y así podrás ayudar a otros que estén viviendo esta difícil realidad. Finalmente debes saber que quienes estudian la demonología han dado a conocer que los demonios de la sexualidad pervertida, y potestades que están a cargo de esta área de maldad, son los de la jerarquía de las tinieblas. Por lo tanto es necesario reiterar que la ayuda de nuestro Señor Jesucristo es imperativa. ¡Desde ahora ya sabes por qué te es tan difícil salir de esta atadura! Te invito para que puedas leer estos textos bíblicos con relación a lo que te estoy impartiendo y permite que se hagan vida dentro de ti:

1 Corintios 6:18 NTV
"Huyan de la inmoralidad sexual. Cualquier otro pecado que el hombre cometa, ocurre fuera del cuerpo; pero el que comete inmoralidad sexual peca contra su propio cuerpo."

Gálatas 5:19 DHH94I
"Es fácil ver lo que hacen quienes siguen los malos deseos: cometen inmoralidades sexuales, hacen cosas impuras y viciosas..."

Efesios 5:3 DHH
"Ustedes deben portarse como corresponde al pueblo santo: ni siquiera hablen de la inmoralidad sexual ni de ninguna otra clase de impureza o de avaricia."

Colosenses 3:5 ^{DHH}

"Hagan, pues, morir todo lo que de terrenal hay en ustedes: que nadie cometa inmoralidades sexuales, ni haga cosas impuras, ni siga sus pasiones y malos deseos..."

1 Tesalonicenses 4:3 ^{DHH}
"Lo que Dios quiere es que ustedes vivan consagrados a Él, que nadie cometa inmoralidades sexuales..."

Judas 1:4 ^{DHH}
"Porque por medio de engaños se han infiltrado ciertas personas a quienes las Escrituras ya habían señalado desde hace mucho tiempo para la condenación. Son hombres malvados, que toman la bondad de nuestro Dios como pretexto para una vida desenfrenada, y niegan a nuestro único Dueño y Señor, Jesucristo."

A través de su gracia y perdón, puedes encontrar sanidad y restauración. Al arrepentirte sinceramente y confesar tus pecados, Dios está dispuesto a perdonarte y a renovarte por completo.

La restauración emocional y espiritual implica enfrentar las heridas y las consecuencias de la adicción a la pornografía. Es posible que hayas experimentado sentimientos de culpa, vergüenza, baja autoestima y daños en tus relaciones. Sin embargo, en Cristo, encontraras sanidad y fortaleza para superar estos desafíos. Durante este proceso de recuperación, es fundamental buscar la ayuda de Dios y sumergirte en su Palabra. La Biblia te ofrece consuelo, instrucción y esperanza en cada paso del camino. A medida que meditas en las promesas de Dios y permites que su verdad renueve tu mente, experimentaras una transformación interna que te ayuda a resistir las tentaciones y a vivir en pureza.

Filipenses 4:8 NTV
"Y ahora, amados hermanos, una cosa más para terminar. Concéntrense en todo lo que es verdadero, todo lo honorable, todo lo justo, todo lo puro, todo lo bello y todo lo admirable. Piensen en cosas excelentes y dignas de alabanza."

A medida que experimentas la sanidad y la liberación, puedes ser una fuente de esperanza y aliento para aquellos que también luchan con la pornografía. Compartir tus experiencias de manera sabia y compasiva puede inspirar a otros a buscar la ayuda y la transformación que Dios ofrece. La recuperación y la restauración después de dejar la pornografía son posibles porque en Cristo eres nueva creación. A través de su gracia y poder, puedes superar las cadenas de la adicción y vivir una vida nueva y libre. La sanidad emocional y espiritual se alcanza paso a paso, confiando en Dios, rodeándote de apoyo y comprometiéndote con un crecimiento continuo en tu relación con Él.

Debes de dar pasos de cómo dejar la pornografía en la vida cristiana es un desafío que puede superarse con la ayuda de Dios y el apoyo de la

Iglesia donde te congregas. Es importante recordar que, con Dios, todas las cosas son posibles. Su gracia y poder te capacitan para vencer cualquier adicción y experimentar la sanidad emocional y espiritual. No importa cuán profunda sea tu lucha con la pornografía, puedes confiar en que Dios está dispuesto a perdonar, restaurar y renovar tu vida completamente. Además, es fundamental buscar una relación más profunda con Dios en este proceso. A través de la oración, la lectura de la Biblia, la meditación y la comunión con Él, encontraras fortaleza, consuelo y dirección. Al centrar tu vida en los valores cristianos y en la voluntad de Dios, experimentaras una transformación interna que te capacita para resistir las tentaciones y vivir en pureza.

No debes enfrentar esta lucha solo.

La comunidad cristiana puede brindar un apoyo valioso y un lugar seguro para compartir tus experiencias. Buscar la rendición de cuentas y rodearnos de personas comprometidas con una vida cristiana auténtica que te ayudará en tu camino hacia la libertad. Recuerda que dejar la pornografía no se trata solo de evitar algo negativo, sino de abrazar una vida llena de propósito y dignidad. Al buscar la pureza sexual y vivir de acuerdo con la voluntad de Dios, experimentaras una paz y una alegría que superan cualquier gratificación temporal que la pornografía pueda ofrecer. Enfrentar la lucha contra la pornografía en la vida cristiana requiere valentía, perseverancia y una fe firme en el poder transformador de Dios. Con su ayuda, puedes superar cualquier obstáculo y caminar en libertad. Animo a cada lector a buscar una relación más profunda con Dios, a enfocarse en los valores cristianos y a comprometerse a vivir una vida sexualmente pura según la voluntad de Dios.

Te invito a que puedas hacer esta oración, ahí donde te encuentras:
"Señor Jesús, reconozco que he pecado. Mi maldad me llevó a pactar con el mundo de las tinieblas. Me siento atado por la pornografía. Aunque lo he intentado, considero muy difícil salir de esta trampa. Estoy arrepentido y te pido perdón. En Tu presencia, amado Señor, renuncio y rechazo toda relación, pacto y atadura con Satanás y sus huestes, y renuncio a la pornografía. Declaro que tú eres—Señor Jesucristo—mi Señor y Salvador desde hoy y para siempre. Te recibo en el corazón. Haz de mi la persona que tú quieres que yo sea. Amén"

Si has hecho esta oración, te animo a que continúe adelante. Es el mejor paso que pudiste haber dado jamás. A partir de ahora te recomiendo que puedes hacer lo siguiente:

1.-Haz de la oración un principio de vida diaria. Orar es hablar con Dios.
2.-Lea la Biblia. Es un libro maravilloso en el que aprenderás principios que te ayudarán en el

crecimiento personal y espiritual.

3.-Comienza a congregarte en la iglesia, para fortalecer diariamente tu fe.

CAPÍTULO 10

Siendo Libre del Mundo y Sus Deseos

Cuando llegas a la revelación del evangelio, comienzas a experimentar progresivamente un cambio de vida, para vivir una relación de comunión con Dios. Es allí donde el Espíritu Santo te da convicción profunda para seguir a Jesús y sus enseñanzas. Sin embargo muchas veces no sabes cómo manejar algunas situaciones y te dejas vencer por las circunstancias y presiones que vienen para debilitar tu fe.

2 Corintios 6:14 RVR1960
No se asocien íntimamente con los que son incrédulos. ¿Cómo puede la justicia asociarse con la maldad? ¿Cómo puede la Luz vivir con las tinieblas?

El Apóstol Pablo establece una gran advertencia para los fieles creyentes, que no se asocien íntimamente, es decir, que no formen equipo con los incrédulos , porque sería una unión desigual. Esa unión podría debilitar el compromiso con Cristo, la integridad, o los valores del creyente. El cristiano al ser salvo debe de desvincularse de todas las formas que comprometan en su mente la duda, o hasta llegar a la incredulidad.

Al tener intima amistad con amigos que practican religiones falsas o tienen toda clase de hábitos pecaminosos, o quizás, frecuentan discotecas, que tarde o temprano lo invitaran a ir con él.

I.- ¿Qué es el concepto "mundo" en el Nuevo Testamento?

El mundo representa todo aquello que desagrada a Dios: El mismo está bajo el dominio de Satanás, príncipe de este mundo y también tiene el nombre del dios de este siglo, oponiéndose totalmente a las enseñanzas de Cristo.

1 Juan 5:19 RVR1960
Sabemos que somos de Dios y el mundo entero está bajo el maligno.

La manifestaciones del mundo son evidentemente claras cuando se nace de nuevo, antes no se puede discernir ni entender eso. Sus conceptos son, contrarios a las enseñanzas y al carácter de Dios, denigran a Cristo, la cruz y su Sangre. Cada ser humano o bien pertenece a Dios, o al sistema de maldad de este mundo que es el dominio del diablo. Los cristianos deben evitar contaminarse.

II.- ¿Cómo Puedes Saber Si Todavía Amas Al Mundo?

Si todavía mantienes vivos los deseos de la carne dentro de ti, es evidente que no haz muerto al viejo hombre. Este es un proceso que tiene que ver con ir quitando todo aquello que se opone en tu vida cristiana. Esto se logrará a medida que aprendas más de la Palabra de Dios; ella es agua que te limpia y renueva. Los deseos de la carne tienen que ver con la naturaleza caída del ser humano que está llena de pecado y se revela contra Dios y sus mandamientos. El apóstol Juan escribió:

1 Juan 2:15-17 RVR1960
No amen a este mundo ni las cosas que les ofrece porque cuando aman al mundo, no tienen el amor del Padre en ustedes. Pues el mundo sólo ofrece un intenso deseo por el placer físico, un deseo insaciable por todo lo que vemos y el orgullo de nuestros logros y posesiones. Nada de eso proviene del Padre, sino que viene del mundo; y este mundo se acaba junto con todo lo que la gente tanto desea; pero el que hace lo que a Dios le agrada vivirá para siempre.

El Amor al mundo también es un asunto interno del ser humano porque comienza en el corazón y se caracteriza por tres actitudes:

1.-**Un intenso deseo por el placer físico**, o sea, una preocupación excesiva por satisfacer los deseos físicos. Estos deseos son los que impulsan hacer lo contrario a lo que Dios dice en su Palabra. Un ejemplo de esto podría ser toda acción mala, envidia, celo o codicia de lo que otro tiene. También puede ser toda satisfacción pasajera, o todos aquellos deseos incontrolables, de cosas que no sacian la vida.

2.-**Un deseo insaciable por todo lo que ven,**

o sea, codiciar y acumular cosas e inclinarse ante el dios del materialismo. Los Deseos de los ojos es todo aquello que atrae por sus colores o por ser demasiado llamativo. La atención de todo esto distrae y atrae a lo malo, lo prohibido, o a lo indecente. Esto es lo que entretiene y lleva a la persona a un falso gozo de placer, impulsando y alimentando los deseos a través de lo que contemplan sus ojos.

3.-El orgullo de los logros y posesiones como sea como están obsesionados por obtener y mantener un elevado nivel social o que los demás te consideren importante. La vanagloria de la vida, tiene que ver con el orgullo de los logros y posesiones, Se refiere a creer que el sentido de la vida se encuentra en la apariencia y en el precio de las cosas y no en el valor que Dios les da a las personas. Todo esto es dejarse llevar por la superficialidad, el ego inflado, engañado de tal manera que la persona cree que para tener aceptación de los demás y de los amigos de antes hay que tener dinero. Estas vanidades se convierten en fortalezas a los que le dan lugar en su corazón.

4.- ¿Cómo te afecta el mundo?
Te afecta a través de los medios de comunicación, porque la agitación que corre en el mundo, te roba la paz que Dios pone en

tu corazón. Las fiestas de amigos no creyentes ya no tienen nada que ofrecerte; sus conversaciones son vanas y sin sentido para tu alma.

1 Juan 2:14 RVR1960
Les he escrito a ustedes, los que son jóvenes en la fe, porque son fuertes; la palabra de Dios vive en sus corazones, y han ganado la batalla contra el maligno.

El mundo te puede afectar cuando cedes a sus caprichos y te contaminas. Eso se puede comparar con manchar tu ropa limpia. Cuando compartes chistes indecentes con doble sentido. Es participar de conversaciones contaminantes, licores, discotecas y fiestas. Los lugares que antes frecuentabas donde abundaba la carnalidad que despertaba las pasiones desordenadas, con pensamientos lujuriosos te llevaban a un estado de cautividad más profundo. La voluntad de Dios es que seas luz en el mundo y que alumbres las tinieblas de los demás a través de tu buen testimonio.

Juan 17:15 RVR1960
dice: "No ruego que los quites del mundo, sino que los guardes del mal"

El Señor Jesucristo no quiere aislarte, él quiere que brilles. El mundo es el que no te acepta. Jesús dijo si a mí lo hicieron a ustedes también se lo harán. Esta es una referencia o ser protegidos del maligno y de todas las fuerzas de maldad que lo sigue, aunque el sacrificio de Jesús en la Cruz fue la derrota de Satanás, el enemigo sigue suelto y puede maquinar desde su sistema de maldad en contra de los creyentes. El enemigo procura por todos los medios destruir a los creyentes, pero Dios es el protector invencible de los que pertenecen a él.

IV.- ¿Cómo enfrentas al mundo?

a) No participando con lo que el mundo te ofrece, sino más bien repréndelas. (Efesios 5:11). Debes de aprender desde el principio de tu caminar cristiano, a ser radical con el pecado y mostrar lo que eres ahora, sin disfraz alguno.

b) Se firme en tu posición como creyente. *"Determinarás asimismo una cosa, y te será firme, y sobre tus caminos resplandecerá luz".* Job 22:28". Decide a que cosas no vas a ceder. Determínalo de antemano; eso evitara la lucha del momento o pasarlo mal. Te ayudará a cerrar la puerta a la tentación o la caída. Lo fundamental es decidir: pase lo que pase no dejaré el camino que he decidido tomar. Cuando tu tomas una firme decisión, el Espíritu Santo te ayudara a continuar en victoria.

c) Evita pasar el tiempo con inconversos. Te retarán y te confrontarán con preguntas que quizás todavía no sabes la respuesta correcta.

d) Busca amistades que compartan tus mismos propósitos y metas, relacionándote con aquellos que te desafían a ser mejor cristiano. Que sepan más que tú y sobre todo que den un buen testimonio de su vida cristiana.

e) No te juntes con los que son chismosos, o causan desilusión y hacen división entre los hermanos. *"Estos son los que causan divisiones; los sensuales, que no tienen al Espíritu"* Judas 1:19.

f) Convence a los que dudan, y dales palabras de salvación a tus amigos, como lo escribe el apóstol Judas. *A otros salvad, arrebatándolos del fuego; y de otros tened misericordia con temor, aborreciendo aun la ropa contaminada por su carne.* Judas 1:23

No te olvides que El Señor siempre te quiere guardar sin caída. Es importante que te aprendas este texto de memoria y lo guardes en tu corazón.

Judas 1: 24-25 RVR1960
Y a aquel que es poderoso para guardaros sin caída, y presentaros sin mancha delante de su gloria con gran alegría, al único y sabio Dios, nuestro Salvador, sea

gloria y majestad, imperio y potencia, ahora y por todos los siglos. Amén.

Dios evitará que caigas en trampas.

Aunque los falsos maestros están en todas partes son peligrosos, no hay por qué tener temor sí confías en Dios y estas arraigado y establecido en Él. La condición final del creyente cuando al fin veas a Cristo cara a cara será sin mancha y perfectos. Cuando Cristo se presente y te de tu cuerpo nuevo, serás semejante a Él. Entrar en la presencia de Cristo será mucho más maravilloso de lo que jamás podrías llegar a pensar, el apóstol Judas animó a los creyentes a permanecer firme en su fe y a confiar en las promesas de Dios hoy, preparando tu vida para el futuro eterno que te aguarda. El futuro era más importante para ellos, que el presente, porque estaban viviendo en un tiempo de persecución y desvío de la fe en aumento, muy similar a los tiempos que tú y yo estamos viviendo hoy en día. Por eso es muy necesario que también tú, en estos tiempos vivas alineado con Dios ya que estas mucho más cerca del fin, de lo que estuvieron los lectores originales de esta carta de Judas.

Tú debes ser susceptible en estos tiempos del fin.

Aunque hay muchas enseñanzas falsas a tu alrededor no hay por qué tener temor, ni darte por vencido. Dios puede evitar que caigas y así permanecer fiel, y esto te garantiza que Señor te llevará a su presencia y te dará gozo eterno..

CAPÍTULO 11

¿Qué Es el Arrepentimiento?

Hablar hoy del arrepentimiento es un tema que no está de moda. Podrás visitar muchas congregaciones en majestuosas catedrales hasta pequeños templos, o en Iglesias evangélicas en toda América, y rara vez escucharás una predicación acerca del arrepentimiento. Por supuesto, hay muchos lugares que no se comprometen con esta importante doctrina bíblica. Un gran número de llamados cristianos han determinado que el arrepentimiento es un mensaje bastante ofensivo para ser predicado, lo mismo la palabra "pecado", "cruz" "condenación" y un sin fin de expresiones importantes de la Biblia. De hecho, denominaciones enteras, han quitado estas expresiones restándole importancia al fundamento sólido de la Palabra de Dios.

En muchas congregaciones solo escucharás instrucciones acerca de: cómo ser un *"negociante exitoso y próspero"*, sin embargo faltan palabras que hablen de sentir la tristeza por fallarle a Dios o por pecar delante de Él. No se escuchan mensajes de arrepentimiento como el que Pedro predicó en el día del Pentecostés. Su predicación, llevó a miles a convertirse a Cristo Jesús. Hechos 2 te muestra el contexto del poderoso mensaje del arrepentimiento.

Hechos 2:37 RVR1960

Al oír esto, se compungieron de corazón, y dijeron a Pedro y a los otros apóstoles: Varones hermanos, ¿qué haremos?

Este versículo demuestra que debe haber un conocimiento previo de los pecados, antes de tener un verdadero arrepentimiento. Ese es el propósito de la verdad central del evangelio: *"dar consciencia de los pecados."* El corazón de aquellas personas en Jerusalén, fue conmovido cuando escucharon la Palabra de Dios y solo así reconocieron sus pecados. Pedro respondió a su clamor desesperado, instruyéndoles de esta manera:

Hechos 2:38 RVR1960

...**"Arrepentíos, y bautícese cada uno de vosotros en el nombre de Jesucristo para perdón de los pecados; y recibiréis el don del Espíritu Santo."**

¿Qué Significa arrepentimiento?

En hebreo, la palabra para "arrepentimiento" es /teshuvá/ (תְּשׁוּבָה), que significa "volver" o "retornar", mientras que en griego, se usa la palabra /metanoia/ que se traduce como "cambio de mente" o "cambio de dirección". Ambos términos aunque diferentes en su origen, se refieren a un cambio profundo en el pensamiento, la actitud y la conducta, llevando a una persona a alejarse del pecado y volverse a Dios. Es importante entender este concepto desde una perspectiva bíblica: la palabra hebrea /teshuvá/ implica un retorno a Dios, un alejamiento de caminos equivocados y una vuelta a la obediencia y a la relación correcta con la presencia de Dios.

La palabra griega *"metanoia"* se refiere a un cambio de mentalidad, una transformación interna que lleva a una nueva perspectiva sobre el pecado y la vida. No se trata solo de un sentimiento de remordimiento, sino de un cambio profundo que afecta la forma de pensar, sentir y actuar de la persona. En resumen:

Mientras que la palabra hebrea enfatiza el aspecto de volver a Dios y alejarse del pecado, la palabra griega se enfoca en el cambio interno de la mente y la actitud, ambos conceptos unidos en la experiencia de arrepentirse.

Es menester entender que el verdadero arrepentimiento produce dolor y pesar por los pecados cometidos, habiéndole fallado a Dios. Arrepentirse consiste en experimentar tal convicción que lleve a cambiar el rumbo de las acciones. Algo más simple: *"la constricción de corazón, es volverte de la acción en que ibas e ir en la dirección opuesta."* El arrepentimiento te alinea otra vez con el Señor, devolviéndote la comunión que la mala acción te había quitado.

El arrepentimiento es el único camino para obtener el verdadero gozo y ser restaurado.

El verdadero arrepentimiento es algo más que el remordimiento, el lamento o el sentirse mal por el pecado. Implica más que simplemente alejarse del pecado. El Diccionario Bíblico Eerdmans habla del arrepentimiento como un cambio de dirección que incluye un juicio sobre el pasado y una redirección para el futuro.

En el Antiguo Testamento, el arrepentimiento, o volverse a Dios de todo corazón, fue un tema repetitivo en el mensaje de los profetas. El arrepentimiento era demostrado a través de rituales como el ayuno, el vestirse de cilicio, el sentarse en cenizas, los lamentos y los llantos litúrgicos para expresar un fuerte dolor por el pecado. En teoría, estos rituales debían ir acompañados de un arrepentimiento verdadero, que implicaba un compromiso de renovar la relación con Dios, un camino de obediencia a Su Palabra y vivir correctamente. Sin embargo, en muchas ocasiones estos rituales sólo representaban el remordimiento y el deseo de escapar de las consecuencias del pecado.

Cuando los profetas de la antigüedad exhortaban al pueblo a arrepentirse y cambiar, estaban llamando a un giro completo que surgía del corazón y la voluntad de la persona. Los profetas llamaban tanto a la nación de Israel como a cada persona a entregar su vida, a apartarse de una vida dominada por el pecado y a relacionarse con Dios, el gobernante soberano de todo:

"Por eso pues, ahora, dice el Señor, convertíos a mí con todo vuestro corazón, con ayuno y lloro y lamento. Rasgad vuestro corazón, y no vuestros vestidos, y convertíos al Señor vuestro Dios; porque misericordioso es y clemente, tardo para la ira y grande en misericordia, y que se duele del castigo." Joel 2: 12-13

El tema del arrepentimiento continúa en el Nuevo Testamento, desde Juan el Bautista (Mateo 3:2) hasta Jesucristo (Mateo 4:17); los dos llamaron urgentemente a la gente a arrepentirse porque la venida del Reino de Dios estaba cerca. Muchos decidieron cambiar radicalmente sus vidas y lo demostraron con el bautismo (Marcos 1:4) y con un profundo cambio en su estilo de vida y en sus relaciones (Lucas 3:8-14).

1) El verdadero arrepentimiento conlleva un cierto sentido de conciencia de la propia culpabilidad, pecaminosidad e insuficiencia, del ser humano (Salmo 51:4-10; 109:21-22).

2) El verdadero arrepentimiento comprende o se aferra a la misericordia de Dios que se encuentra en Jesucristo (Salmo 51:1; 130:4).

3) El verdadero arrepentimiento significa un cambio de actitud y acción con respecto al pecado. El odio al pecado hace que la persona arrepentida se aleje de él y se vuelva hacia Dios (Salmo 119:128; Job 42:5-6; 2 Corintios 7:10).

4) El verdadero arrepentimiento produce una radical y persistente búsqueda de una vida santa, caminando siempre con Dios en obediencia a Sus mandamientos (2 Timoteo 2:19-22; 1 Pedro 1:16).

La misión de Jesucristo se centraba en llamar a los pecadores al arrepentimiento: "No he venido a llamar a justos, sino a pecadores al arrepentimiento " (Lucas 5:32). El llamado a la entrega absoluta es para todas las personas: "Antes si no os arrepentís, todos pereceréis igualmente". (Lucas 13:5). Al despedirse de los discípulos, Jesús les ordenó que llevaran Su mensaje de arrepentimiento y fe a todo el mundo (Lucas 24:47).

El arrepentimiento en la Biblia implica un cambio completo e irreversible de mente, corazón y acciones. El arrepentimiento reconoce que el pecado es una ofensa para Dios. Arrepentirse significa dar una vuelta completa, un giro de corazón desde el ego hacia Dios, desde el pasado hacia un futuro dirigido por los mandamientos de Dios, reconociendo que el Señor reina por encima de nuestra existencia.

A veces son pequeñas acciones que se cometen diariamente, en las que hay que sentir ese arrepentimiento, pidiéndole perdón a Dios. No hay otra forma de entrar en la paz y el reposo de Cristo, sino a través de las puertas del arrepentimiento. Pablo escribió a los Corintios acerca de los frutos que produce el arrepentimiento:

2 Corintios 7:10-11 NTV
10 Pues la clase de tristeza que Dios desea que suframos nos aleja del pecado y trae como resultado salvación. No hay que lamentarse por esa clase de tristeza; pero la tristeza del mundo, a la cual le falta arrepentimiento, resulta en muerte espiritual. **11 ¡Tan solo miren lo que produjo en ustedes esa tristeza que proviene de Dios!**

La carta que Pablo escribió a los Corintios, puso en evidencia el pecado de incesto en la congregación, pues nadie había tomado cartas en el asunto. Y debido a que pasaron por alto este terrible pecado, no había tristeza alguna en medio de ellos. Así que Pablo escribió a la iglesia un mensaje duro. entonces, cuando la gente se sentó a leer la carta en voz alta, fueron conmovidos sus corazones. Se arrepintieron, llenos de tristeza y dolor, e hicieron frente al pecado tan vergonzoso que había entre ellos. Ahora Pablo los animaba, diciendo: ***"Vean lo que la tristeza de Dios hizo en ustedes. Produjo prudencia, trajo una indignación en contra de su propio pecado."***

El arrepentimiento es el único medio por el cual aquellos que están cautivos por el pecado pueden ser liberados y restaurados. Juntamente con fe en la sangre redentora de Cristo, juntas resultan en la remisión de los pecados.

¿Qué significa libertad del poder del pecado? De acuerdo con Pedro, no puede haber conversión, libertad espiritual, ni nuevo nacimiento sin arrepentimiento.

Hechos 3:19 RVR1960
Así que, arrepentíos y convertíos, para que sean borrados vuestros pecados; para que vengan de la presencia del Señor tiempos de refrigerio.

De esta misma manera, Pablo predicó a los atenienses:

Hechos 17:30 RVR1960
"Pero Dios, habiendo pasado por alto los tiempos de esta ignorancia, ahora manda a todos los hombres en todo lugar, que se arrepientan."

Jesús dijo que había venido con este mismo propósito:

Lucas 5:32 RVR1960
No he venido a llamar a justos, sino a pecadores al arrepentimiento

También Jesús se compara a sí mismo con un médico que va donde más se le necesita. (Marcos 2:17) Es tan absurdo pensar que Jesús se rehusaría atender a los necesitados, es imposible así como un médico no puede negarse atender a los enfermos. Quizás Lucas es todavía más claro cuando escribe:

Lucas 24:46-47 RVR1960
y les dijo: Así está escrito, y así fue necesario que el

Cristo padeciese, y resucitase de los muertos al tercer día; y que se predicase en su nombre el arrepentimiento y el perdón de pecados en todas las naciones, comenzando desde Jerusalén."

Es importante entender que no habrá verdadera salvación para los inconversos mientras estén cómodos sin salirse en sus delitos y pecado. Para hacerles entender la misericordia que tiene Jesucristo hacia ellos, que sus pecados lo separan de Dios, deben de abandonar por completo la vida pasada. Ésta es la única forma de emprender la guerra en el campo espiritual. Y esto solo proviene del Espíritu Santo que da convicción de pecado.

Nadie puede llamar a Jesús verdaderamente Señor si su vida no ha sido cambiada, y para ello se necesita el cambio de mente y corazón.

Ninguna persona puede decir amar a Jesús, si su vida no muestra los frutos de su arrepentimiento. Después de confrontar el pecado con la predicación del arrepentimiento, debe de comenzar abundantes manifestaciones de gozo indescriptible.

Hoy en día el evangelio de la comodidad y la oferta está confundiendo a millones, impidiendo la verdadera salvación.

¿Cuál es la razón por la cual muchos nunca predican arrepentimiento? Estoy seguro de que Dios se lamenta de las congregaciones que no predican el verdadero mensaje. ¿Tendrán miedo de perder gente de sus congregaciones?, quizás. De hecho, tengo la convicción de que el Espíritu Santo se aparta entristecido de tales iglesias.

Los enemigos de la salvación son: la incredulidad y apariencia de ser cristiano sin un verdadero arrepentimiento.

Quiero dirigirme al final de este capítulo aquellos que a pesar de confesar sus pecados, continúan viviendo bajo la opresión de la duda e incredulidad. Me dirijo aquellos quienes quieren ser salvos, pero aún no tienen la paz y el gozo que viene por el perdón de pecados. Muchas personas viven sin paz en constante temor e inseguridad de salvación, les falta comprender a totalidad "*el poder del perdón.*" Jesús sigue llamando con palabras de amor.

Mateo 11:28RVR60
Venid a mí todos los que estáis trabajados y cargados, y yo os haré descansar.

El Padre Celestial quiere afirmar tu destino y tu verdadera identidad de hijo, para llegar a ser participante de la gloria venidera, para ello debes ser sincero contigo mismo y con Dios. Debes de creer y luchar por tu liberación, porque tienes aún opresiones antagónicas, que no te dejan acercarte con fe al Señor.

Recuerda esto: No estás solo en esta lucha, el Padre

ha enviado su Santo Espíritu, y el poder del Nombre de Jesús, para que venzas al enemigo liberándote de toda esclavitud. Esta batalla se gana decidiendo tú mismo a quien quieres servir.

Te invito a que ores conmigo: *"Padre celestial, gracias por enviar a Jesucristo para ser el camino para llegar a ti. Quiero que siempre me des tu aprobación como Padre y me ayudes a mantener mi confianza y fe en mi futuro que ya tú lo redimiste con tu sangre. Líbrame de todo auto engaño para que sea libre, de toda hipocresía, y crea con todo mi corazón que soy tu hijo(a) para que te honre y adore en Espíritu y Verdad. Gracias por esa seguridad que me proporciona el Espíritu Santo para ir creciendo en la gracia y en el favor tuyo con carácter firme, y decidido para darte solo a ti toda la Gloria. En el Nombre de Jesús Amén."*

CAPÍTULO
12

Viviendo en Pureza

Al comenzar este tema quiero formularte las siguientes preguntas: ¿Has pensado que es vivir en pureza? ¿Te has puesto a reflexionar si puedes vivir puramente? ¿Crees que la forma cómo estás viviendo tu vida es agradable a Dios?, la carta a Tito te da la respuesta.

Tito 1:15 RVR1960
Todas las cosas son puras para los puros, más para los corrompidos e incrédulos nada les es puro; pues hasta su mente y su conciencia están corrompidas.

La pureza es la ausencia de todo lo que contamina. Es algo así como El agua pura que está libre de cualquier otra sustancia. Semejante al oro puro que ha sido refinado por el fuego hasta tal punto que toda sustancia de escoria ha sido eliminada. Una vida pura es aquella en la que el pecado ya no determina las elecciones que hace la persona.

La pureza es muy importante para Dios, quien es el único verdaderamente puro. De manera permanente, la pureza se utiliza en las Escrituras como un medio para comunicar la santidad o la perfección.

Oro en el Santuario de Dios

Dios le dio instrucciones específicas a Moisés antes de construir el tabernáculo, ese sería el lugar donde Dios bajaría y hablaría con él. Los muebles dentro del Lugar Santo llevarían oro puro.

Dios es muy específico en lo que declara con relación a la pureza.

El candelabro o lámpara de siete brazos, sería de una sola pieza de oro puro labrado a martillo. **Éxodo 25:3.** Mientras que el arca del pacto, La mesa de los panes y el Incensario serian de madera de Acacia cubiertos por dentro y por fuera de oro puro. **Éxodo 37:2.**

Los Recipientes, los anillos y los adornos todos serían hechos a mano de oro puro. **Éxodo 37:16.** El aceite utilizado en el tabernáculo debía ser de aceite puro de oliva, al igual que el incienso. **Levítico 24:2,7.**

El oro representa la pureza y santidad de Dios. El Altar de bronce, Lavacro, cortinas, y todos muebles que están en todo el recinto del tabernáculo representan Cristo y su obra redentora.

Los profetas entendieron la pureza se Dios.
- En **Habacuc 1:13** escribe el profeta, que el *Señor tiene ojos "puros". "...pero tú eres puro y no soportas ver la maldad."*
- David también entendía por el Espíritu, *"que*

Dios habla palabras puras y sus promesas son también puras." **Salmos** 12:6

- La Nueva Jerusalén se describe como una *"ciudad hecha de oro puro, semejante al vidrio limpio".* **Apocalipsis 21:18.** La descripción de una muralla hecha de joyas revela que ésta será un lugar de pureza y permanecerá para siempre.

Es notorio que todo lo que Dios crea, sea puro, porque Él es santo. En Él, no hay confusión, contradicción o transigencia. Todo lo que hace es perfecto.

Dios creó a los seres humanos para que reflejaran su imagen y vivieran en comunión pura e ininterrumpida con Él. Sin embargo, la desobediencia, es la causa de la corrupción de la pureza. La impureza se menciona a menudo como uno de los factores que te alejan de la presencia de Dios. Debido a la nueva vida que los creyentes reciben en Cristo, los creyentes deben poner fin a ciertas prácticas que son pecado y centrarse en las verdaderas. La salvación solo se alcanza a través de la fe en Cristo, pero los creyentes también deben procurar vivir de una manera santa por y para Cristo. La manera en que tu vives reflejará la relación que tienes con el Señor a quien amas.

Para tener comunión con un Dios santo, debes reclamar la pureza que Él originalmente quiso para ti. Cuando no hay sinceridad y se levantan muro de autoengaños, es imposible tener una verdadera relación con Dios. Cuando le mientes a otros, te estás engañando a ti mismo y Dios no puede escuchar tus oraciones.

¡Dios no es Dios de mezclas! Lo inmundo no compite con lo puro.

Cristo vino y murió para que nosotros fuéramos libres del pecado. Las mezclas físicas y espirituales traen enfermedad al alma y al cuerpo. ¿Por qué Dios te quiere limpio de toda mezcla? Para entender este concepto, tienes que entender que es ser, impuro para Dios. En el antiguo pacto, el hombre o animal impuro, no significaba que tenía un espíritu inmundo, sino podemos poner este ejemplo para que entiendas, que era como el plato sucio, que se pone delante de la mesa del rey. Simplemente es inusual para comer, se debe de limpiar antes de ponerlo en la mesa, así no se puede usar.

La palabra limpio en hebreo significa: "*clara y abierta manifestación de Dios.*" Cuando estás limpio, Dios puede trabajar en tu vida, mientras que la palabra impuro significa: "*no limpio, religiosamente, sexualmente, ceremonialmente.*" Es como una aplicación a "Puerta cerrada"; la persona se convierte, "escondida y cerrada a la manifestación del creador"; **Dios no opera ni se mueve ahí.** ¿Porqué? simplemente y fácil de entender, "*en lo contaminado, Dios no es visible, no se manifiesta, no se mueve.*"

Creo que está explicación sencilla sacude tu alma para entender que tienes que salir rápido de "la muerte espiritual", que es vivir impuro, no limpio para Dios.

La necesidad de la purificación.

Para entender claramente la diferencia que hay entre ser puro y ser impuro se debe ir al libro de Éxodo y analizar *"la ley de la purificación"*; instrucciones dado por Dios a Moisés.
(Extracto sacado del libro "El Templo de Dios", escrito por los autores, José y Lidia Zapico).

La ley de la purificación era muy importante, tanto para el cuerpo como para el alma de los hijos de Israel. La persona se contaminaba al tocar o estar cerca de un cadáver, quedando tres o siete días impuros.
La mente "gentil" que nosotros hemos heredado desde el nacimiento, nos hace cuestionar estas normas dadas por Dios, que las podemos considerar estrictas. Sin embargo, en estas reglas dadas por Dios a su pueblo, se esconden verdades espirituales que, por ignorarlas, muchos siguen atados a las maldiciones sin quebrantar.

Ahora se puede entender por el Espíritu Santo, que el tocar un cadáver o estar cerca de un muerto significa contaminarse con el pecado; cuando al apóstol Pablo lo explica claramente en su carta a los Romanos: ***"porque la paga del pecado es muerte"*** Esta contaminación a veces está en el creyente sin que él se dé cuenta, y al no *purificarse a tiempo*, su alma puede estar contaminada por mucho tiempo, trayendo *"debilidad espiritual a su alma"*, mientras que otros -sin saberlo- están muertos en sus delitos y pecados.

La Ceremonia de la purificación, era muy estricta. La persona que había quedado impura, por contaminarse tenía que no antes de los 7 días ir al Tabernáculo, para ser rociado por el sacerdote en las aguas de la purificación. Número 19:17. Si en el tiempo establecido no se presentaba delante de Dios, quedaría fuera de la congregación de Israel. Justamente esta norma era para aquellos que se habían contaminado, tenían que pasar por la purificación para poder volver a la comunión de la congregación. Esta ceremonia solo las podía realizar los sacerdotes. Esto muestra la importancia de reconocer la autoridad dada de Dios a los siervos verdaderos, que ministran la palabra. Estar contaminado era quedar impuro delante de Dios o para el servicio de Dios. Considera esto; ¿Cuántos en esta hora, cantan, predican, desarrollan diferentes actividades en la congregación, estando contaminados?

Las aguas de la purificación estaban estrechamente relacionadas con la *"naturaleza caída del hombre."* Dios en su forma de ser santo y fuego purificador, consideraba que sus hijos deberían ser como Él. Para entender esto primeramente debes de comprender, por qué el Dios creador del hombre, le exigiría santidad a todo su pueblo escogido. La respuesta es, porque Jehová quería que sus hijos fueran como Él, participando de su naturaleza santa. Dios es santo y eso significa estar separado y puro para Él para darle un servicio agradable y perfecto.

Levítico 11:44 RVR1960
Porque yo soy Jehová vuestro Dios; vosotros por tanto santificaréis, y seréis santos porque yo soy santo, así que no contaminéis vuestras personas.

Hoy entendiendo por el Espíritu Santo, se nos revela que el agua se compara a la Palabra de Dios que purifica el alma de obras muertas, es como la fuente viva que limpia. La Palabra es Espíritu y cuando se escucha y se pone por obra, tiene resultados poderosos. Ejemplo se tiene en el primer milagro que Jesús realizó iniciando su ministerio en las bodas de un familiar en Canaán. María la madre de Jesús le pidió que solucionara la falta de vino en la boda. **¿Por qué Jesús convirtió las aguas de la purificación en vino?** Él era la palabra, la acción de Dios en la tierra; revelado en Juan 1:1. La Palabra viva es la que te purifica para hacerte puro tal como Dios es.

El agua representa la palabra y el vino nuevo y mejor, representa el mover del Espíritu Santo que traería Jesús a la tierra.

En la noche en que Jesús limpio los pies a sus discípulos, cuando llegó a Pedro, se sintió inmerecido y no apto frente al acto de humillación por parte del maestro. En Juan 13:8 ᴶᴮˢ leemos: *"...Pedro le dijo: No me lavarás los pies jamás. Jesús le respondió: Si no te lavare, no tendrás parte conmigo."*

Salmos 24:3-4 ᴿⱽᴿ²⁰²⁰
¿Quién subirá al monte del Señor? ¿Y quién estará en su lugar santo? El limpio de manos y puro de corazón; el que no ha elevado su alma a cosas vanas, ni jurado con engaño.

En el Nuevo Testamento, la pureza se recupera al poner nuestra fe en el sacrificio perfecto del Señor Jesucristo. No puedes ser lo suficientemente puro por tu propia fuerza para ver a Dios.

Con frecuencia, el término pureza se utiliza hoy en día en relación con la sexualidad. La pureza sexual es estar libre de inmoralidad o perversión. La pureza está estrechamente relacionada con la santidad, y aquellos que caminan en santidad se mantendrán sexualmente puros: absteniéndose antes del matrimonio y siendo fieles dentro del matrimonio.

Cuando experimentas el nuevo nacimiento mediante la fe en Jesús, desearás vivir en pureza. Esa pureza no se limita a tu sexualidad, aunque eso es muy importante, Dios desea que vivas también con pureza en las relaciones con los demás y en cada área de tu vida. La pureza debe definir tus pensamientos, tus palabras y cada una de tus acciones en el día a día.

Jesús dijo: "Bienaventurados los de puros de corazón, porque ellos verán a Dios" (Mateo 5:8 ^{RVR1960}).

Cuando el corazón está lavado, se quita el polvo de los ojos de la mente. Es evidente que el corazón que ama a Dios está conectado con una transparente comprensión que percibe a Dios. Hasta que el corazón no es renovado y puro por la gracia de la redención es imposible ver a Dios. Si los puros de corazón verán a Dios.

Cuando los corazones están contaminados con impurezas, no pueden experimentar la presencia de Dios ni oír Su voz. Más cuando tu afirmación de justicia se basa en lo que Jesús ha hecho, te esforzarás por abandonar el pecado.

Tito 3:5 ^{RVR1960}
Nos salvó, no por obras de justicia que nosotros hubiéramos hecho, sino por su misericordia, por el lavamiento de la regeneración y por la renovación en el Espíritu Santo.

Recuerda este texto bíblico de **1 Juan 3:9 los que han nacido en la familia de Dios no se caracterizan por practicar el pecado, porque la vida de Dios está en ellos. Así que no pueden seguir pecando, porque son hijos de Dios.**

Es notorio, lo que Juan dice a los creyentes, no

pueden seguir pecando, está enseñando que los verdaderos nacidos de nuevo no tienen la práctica de pecar, ni son indiferentes a los principios de Dios, anhelan vivir con un corazón puro, disfrutando de la comunión con el Dios de la pureza.

Cual importante es entender que la pureza, es un concepto fundamental en la fe cristiana, representa la limpieza del corazón y la mente, la separación del pecado y la búsqueda de una relación profunda con Dios. A lo largo de toda la enseñanza bíblica, la pureza se ha asociado con la santidad, la perfección moral y la capacidad de experimentar la presencia divina.

Es de notar que la naturaleza de Dios es pura, libre de toda mancha o imperfección. La pureza es un reflejo de Su carácter y un llamado a la obediencia en tu propia vida

- La pureza no es solo una cuestión de comportamiento, sino de corazón, la Biblia destaca la importancia de la pureza interna, la limpieza de los pensamientos negativos y confusos, las intenciones y los deseos contrarios a la voluntad perfecta de Dios.
- La pureza se relaciona con la separación del pecado, implica alejarse de las prácticas y actitudes que contaminan el corazón y la mente, buscando la transformación y la renovación espiritual.
- La pureza es un proceso continuo de crecimiento y santificación, no se alcanza de

una vez por todas, sino que requiere un esfuerzo constante de arrepentimiento, obediencia y dependencia del poder transformador de Dios.

- La pureza implica la búsqueda de la integridad, se expresa en la honestidad, la fidelidad y la integridad en las relaciones con Dios y con los demás.
- La pureza es un regalo de Dios, es un fruto del Espíritu Santo, qué te capacita para vivir vida santa y agradable a Dios.
- La pureza es un camino hacia la comunión con Dios, es un requisito indispensable para acercarse a Dios y experimentar su presencia en tu vida.
- La pureza no es una ley, sino un camino de libertad no es una obligación, sino una elección que te libera del dominio del pecado y te abre las puertas a una vida plena y significativa.

Jesús, Fuente de Pureza

Jesús, en el Nuevo Testamento, enseñó acerca del concepto de pureza. Él mismo se presentó como la fuente de **pureza**, la purificación del corazón y la mente. Jesús enseñó que la verdadera pureza no se limita a la apariencia exterior, sino que proviene del corazón y del interior del ser humano. Él dijo:

Marcos 7:21-22 RVR1960
"Porque de adentro, del corazón de los hombres, salen los malos pensamientos, las fornicaciones, los hurtos, los

homicidios, los adulterios, la avaricia, la maldad, el engaño, la lascivia, la envidia, la calumnia, la soberbia, la insensatez."

La pureza siempre te conduce a una viva de comunión con Dios.

Jesús también relacionó la pureza con la capacidad de ver a Dios y tener una relación cercana con él. Él afirmó:

Mateo 5:8 *RVR1960*
"Bienaventurados los de corazón limpio, porque ellos verán a Dios."

La pureza es una condición indispensable para acercarse a Dios y experimentar su presencia.

La pureza es un llamado a ser fiel.

El Nuevo Testamento invita a los cristianos a **mantenerse puros**, libres de cualquier mancha moral, para mantener su relación con Dios. La pureza es un llamado para rendirse incondicionalmente, a la transformación personal y a la imitación de Cristo. Pablo escribió:

2 Corintios 5:17 *RVR1960*
"Así que, si alguno está en Cristo, nueva criatura es: las cosas viejas pasaron; he aquí todas son hechas nuevas."

La pureza se extiende a todos los aspectos de la vida, implica tratar a los demás con respeto, integridad y amor. Es un llamado a **vivir una vida libre de la influencia del pecado** en las relaciones dentro del matrimonio, la familia, los amigos y la iglesia. En el ámbito de la sexualidad, la pureza se refiere a la abstinencia **sexual fuera del matrimonio** y la fidelidad en el matrimonio. Es un llamado a vivir una vida sexual libre de promiscuidad, pornografía y otros comportamientos que violan la voluntad de Dios, como ya hemos mencionado en los capítulos anteriores.

La pureza también implica renovación de los pensamientos y deseos. El libro de Proverbios dice: **Guarda tu corazón con toda, diligencia porque de él mana la vida." Proverbios 4:23.** La pureza interna es **un proceso de vigilancia y lucha contra los pensamientos impuros,** las tentaciones y las influencias negativas.

La pureza es un regalo de Dios, pero requiere tu participación. Puedes buscar **la pureza** a través de la oración, la lectura de la Biblia, la comunión con otros cristianos. Es un camino de crecimiento continuo y perseverante.

¿Cómo puedes ayudar a tus hijos a vivir una vida pura? El mejor regalo que puedes dar a tus hijos es **enseñarles sobre la pureza** desde una edad temprana. Habla con ellos sobre la sexualidad, la importancia de la castidad y los peligros del pecado. Sé un ejemplo de **pureza** en tu propia vida y **promueve una relación abierta y honesta** con ellos.

La pureza Se refiere a un estado de integridad espiritual, un corazón sincero y una vida dedicada a Dios, libre de la contaminación del mundo y de deseos egoístas. Implica una entrega total a la voluntad divina y una búsqueda constante de la santidad, reflejada en acciones y relaciones. El concepto de pureza bíblica se puede desglosar en varios aspectos:

Pureza de corazón:
Se refiere a la sinceridad y la integridad en las motivaciones y deseos, buscando la voluntad de Dios en todo lo que se hace.

Pureza de acciones:
Implica vivir de acuerdo con los principios bíblicos, evitando el pecado y buscando la justicia, la fe, el amor y la paz.

Pureza en las relaciones:
Refleja la importancia de tratar a los demás con respeto, amor y justicia, evitando la contaminación de la influencia negativa.

Pureza como requisito para la santidad:
La pureza es vista como un paso esencial para alcanzar la santidad, que es un estado de consagración a Dios. La pureza se asocia con la

sabiduría, la paciencia, la bondad, el amor y la fe. La Biblia habla de la necesidad de huir de los malos deseos y buscar las virtudes cristianas como la justicia, la fe, el amor y la paz.

1 Juan 3:3 RVR1960
Y todo aquel que tiene esta esperanza en él, se purifica a sí mismo, como él es puro.

Vivir en la realidad del regreso de Cristo hace la diferencia en la conducta diaria de un cristiano. En vista de que los creyentes serán un día semejante a Él, en ellos debe crecer cada vez más el deseo de ser semejante a Él en el presente. Esa fue la pasión de Pablo como queda expresada en Filipenses 3:12-14 esto demanda la purificación constante del pecado que en gran parte es tu responsabilidad personal en el presente.

La carrera hacia la semejanza perfecta a Cristo comienza con un sentido de honestidad, integridad y pureza contigo mismo, Recuerda siempre que no puedes distraerte con el pasado esto debilita todos los esfuerzos en el presente.

CAPÍTULO 13

Santificados Por Completo

El Significado de Ser Santificado

Numerosos son los cristianos que asisten a las congregaciones con mucha formalidad y no se preocupan en agradar a Dios con todo el corazón. A veces parece que en medio de los esfuerzos, las situaciones se tornan en desilusión. Puede ser que buscan a Dios, pero no lo hacen con él deseo de agradarle solo a Él. Por esa causa, vienen los fracasos espirituales. El anhelo del Señor siempre ha sido que cada hijo, sea prosperado, en su alma, espíritu y también que todos los sentidos de su cuerpo, glorifiquen a Dios.

En Juan 17:19 Jesús habló de sí mismo de ser santificado; en otras palabras, él es santo y fue apartado del pecado. Sus seguidores de igual manera deben ser apartados del pecado para el uso de Dios, tal como se describe en 1 Pedro 1:16. Las personas que son santificadas nacen de nuevo y, por lo tanto, son parte de la familia de Dios. Están reservadas para que Dios las use. Ellos conocen *"la obra de santificación por medio del Espíritu Santo"* en sus vidas. Ellos entienden que han sido *"llamados a ser su pueblo santo"*.

Ser santificado cada día, significa que Dios ha estado obrando en las vidas.

Bajo la ley del Antiguo Testamento, se necesitaba la sangre de un sacrificio para que fuera apartado para Dios:

Hebreos 9:22 RVR1960
"Y casi todo es purificado, según la ley, con sangre..."

El mobiliario del Tabernáculo, los vestidos sacerdotales y sobre las personas, el día de la consagración, se debía hacer con sangre. Nada era considerado santificado hasta que no estuviera en contacto con la sangre.

Sin duda alguna, era una tipología de la aplicación espiritual de la sangre de Cristo para la limpieza de los pecados y recibir la salvación. Esto representa, así como el Templo de Dios fue santificado para el uso de Dios, tu cuerpo, como el templo del Espíritu Santo, es separado para los propósitos santos de Dios. Este hecho significa que tú tienes que tener en tu vida, una actitud de obediencia hacia la Palabra de Dios y por medio de ella, Dios te limpia y te hace santo.

Efesios 5:26 RVR1960
Para santificarla, habiéndola purificado en el lavamiento del agua por la palabra, a fin de presentársela a sí mismo, una iglesia gloriosa, que no tuviese mancha ni arruga ni cosas semejantes, sino que fuese Santa y sin mancha.

Encontrando el sentido del término santificar.

Eso se encuentra en tres sentidos diferentes, veámoslo:

1. Significa separar.

Esta idea se puede ver a través de su uso en relación con las ordenanzas ceremoniales. La idea de separación se sugiere por primera vez en el relato de la creación en el primer capítulo del Génesis, y allí, probablemente, verás la figura esencial de la santificación. La primera obra de Dios fue crear la luz, luego separó la luz de la oscuridad. También separó las aguas de abajo y las aguas del firmamento. La oscuridad llamó noche, la luz llamó día. Las aguas se convirtieron en el gran mar creando allí los monstruos marinos.

Y así es en el reino espiritual, Él se mueve en el Reino de la Luz, que está separado, del reino de las tinieblas.

- Separó la familia de Set, de la raza desobediente de Caín.
- Separó a Noé y a su familia, del mundo impío.
- Separó a Abraham y a su descendencia de las familias idólatras.
- Separó a Israel de Egipto y de las naciones paganas circundantes.

El significado mismo se compara a la iglesia de Jesucristo, que es llamada y separada para Dios del mundo. Para ser parte de la promesa de ser Hijos de Dios, debe haber una separación.

Isaías 52:11^{RVR1960}

Apartaos, apartaos, salid de ahí, no toquéis cosa inmunda; salid de en medio de ella; purificaos los que lleváis los utensilios de Jehová.

La santificación significa entonces tu separación voluntaria del mal. No es la extinción del mal, es alejarte de él, dejarlo de lado, separarte por completo y colocar un abismo intransitable entre ellos.

2 Corintios 7:1 ^{BLBA}

...Teniendo pues estas promesas limpiémonos de toda inmundicia de la carne, perfeccionando la santidad en el temor del Señor.

Debes separarte no sólo de tus pecados pasados sino de tu pecado, como principio de vida. No debes tratar de mejorar y mejorar gradualmente tu condición impía, sino que debes abandonar la vieja vida, actuar como si ya no fueras tú mismo y separarte de tu yo pecaminoso. Debes considerarte muerto al pecado tanto como si ya no fueras la misma persona.

2. Santificación significa dedicación.
Se necesita dedicación a lo espiritual para seguir el camino de la santificación.
Llegar a completar esta menta, acto que es la

correcta decisión para pertenecerle a tu Señor por completo, te prepara para su propósito que es su santa y perfecta voluntad. Éste es el significado del llamamiento que escribe Pablo.

Debes preguntarte ¿qué es el cuerpo? La palabra cuerpo viene del latín /corpus/, y es el conjunto de las partes que componen el organismo del ser humano, El Señor desea que se le glorifique con todo el cuerpo.

1 Corintios 6:20 RVR1960
Porque habéis sido comprados por precio; glorificad, pues, a Dios en vuestro cuerpo y en vuestro espíritu, los cuales son de Dios.

Recuerda que has sido comprado por un alto precio, por lo cual debes glorificar a Dios en tu cuerpo, alma y espíritu, que son de Dios. Es una gran verdad que Dios te ha comprado, y le perteneces. Así pues, rodeado por su amor, debes de entender que es un privilegio pertenecerle solo a Él. Esto es lo que significa el término de la verdadera consagración. Es algo así como el barro entregándose en las manos del alfarero para que pueda ser moldeado en un vaso de honra, para el uso del Maestro Jesús en la oración del Getsemaní, una de las cosas que pidió al Padre fue que santificara a sus discípulos a través de la verdad.

Juan 17:17RVR1960
Santifícalos en tu verdad; tu palabra es verdad.

Pero ¿qué significa santificar exactamente? ¿Cómo puede la verdad santificarte? Y ¿por qué es importante que sepas estas cosas?

Para que un cristiano pueda apartarse de los caminos del mundo, necesita un estándar diferente. Esa meta es Jesucristo, cuya vida y conducta ejemplificaron a la perfección la verdad de Dios. En Juan 14:6 Jesucristo mismo dijo: *"Yo soy el camino, y la verdad, y la vida."* Juan usa la palabra verdad más del doble de veces que los otros tres Evangelios juntos. En Juan 1, dice por ejemplo que Jesucristo está *"lleno de gracia y de verdad"* (v.14) y que *"la gracia y la verdad vinieron por medio de Jesucristo"* (v. 17). Y en una larga conversación con una mujer samaritana, Cristo explicó que el Padre busca seguidores que lo adoren *"en espíritu y en verdad"* (Juan 4:24).

Lo que Jesús está orando al Padre en la expresión *santifícalos,* significa conságralos solo para ti. Que sean templos donde tu habites, y sean instrumentos que tu puedas usar para tu honra y gloria. Dios te invita a que vengas a Él tal como tú eres para recibir su misericordia y perdón. Cuando eres salvo, el Espíritu Santo comienza su obra poderosa para transformarte a la imagen y semejanza de Cristo. Ser santificado significa que Dios te ama demasiado para no dejarte que permanezcas en lo mismo en lo que siempre has vivido. El orden que Dios desea hoy en tu vida es que primeramente presentes tu cuerpo en sacrificio, vivo y santo. Es evidente que antes en el templo se le ofrecía otro tipo de sacrificio de animales en el templo que eran irracionales.

1 Corintios 6:20 ^{RVR1960}
Porque habéis sido comprados por precio; glorificad, pues, a Dios en vuestro cuerpo y en vuestro espíritu, los cuales son de Dios.

3. Los Cinco Sentidos

En el cuerpo residen los sentidos, la palabra sentido es la facultad mediante la cual percibe el hombre la impresión o percepción de las cosas exteriores, y es ayudado por ciertos Órganos sensoriales, que son los órganos especializados que reciben estímulos del exterior y transmiten el impulso a través de las vías nerviosas hasta el sistema nervioso central donde se procesa y se genera una respuesta y a su vez todo esto está conectado con las órdenes que da el cerebro. Los cinco sentidos principales son: el oído, la vista, el olfato, el gusto y el tacto y estos nos fueron dados para usarlos y ejercitarlos para diferenciar entre lo bueno y lo malo.

Hebreos 5:14 ^{RVR1960}
Pero el alimento sólido es para los que han alcanzado madurez, para los que por el uso tienen los sentidos ejercitados en el discernimiento del bien y del mal.

El enemigo de las almas sabe que si pierde o extravía tus sentidos podrá confundirte en cuanto a la salvación en Cristo.

Tienes que analizar con cuidado tu vida y tus

sentidos para saber darle el uso apropiado para la gloria de Dios.

Nehemías 8:8 RVR1960
Y leían en el libro de la ley de Dios claramente, y ponían el sentido, de modo que entendiesen la lectura.

Es importante conocer como está conformado el hombre, estando compuesto de, espíritu, alma y cuerpo. (1 Tesalonicenses 5.23).

Hebreos 4:12 RVR1960
Porque la palabra de Dios es viva y eficaz, y más cortante que toda espada de dos filos; y penetra hasta partir el alma y el espíritu, las coyunturas y los tuétanos, y discierne los pensamientos y las intenciones del corazón.

Es por cierto importante notar donde están ubicados los sentidos en el hombre, permíteme mostrarte la siguiente ilustración: Notarás que en el cuerpo están ubicados, los órganos como son: la nariz, la lengua, los ojos, los oídos, las manos. Pero los sentidos están conectados con el alma es por eso que un muerto no siente aunque tenga los órganos allí y es porque su alma y su espíritu han abandonado su cuerpo.

Santiago 2:26 RVR1960
Porque como el cuerpo sin espíritu está muerto, así también la fe sin obras está muerta.

En el caso de Lázaro, en esa historia la cual algunos

dicen que es una parábola y aunque así fuera encierra y confirma que los sentidos están en el alma, veamos lo siguiente:

Lucas 16:22-24 RVR1960

22 Aconteció que murió el mendigo, y fue llevado por los ángeles al seno de Abraham; y murió también el rico, y fue sepultado. 23 Y en el Hades alzó sus ojos, estando en tormentos, y vio de lejos a Abraham, y a Lázaro en su seno. 24 Entonces él, dando voces, dijo: Padre Abraham, ten misericordia de mí, y envía a Lázaro para que moje la punta de su dedo en agua, y refresque mi lengua; porque estoy atormentado en esta llama.

Si analizamos toda la historia veremos claramente que aunque el rico estaba muerto podía ver, reconocer, sentir sed, hablar, sentir el tormento y por el tacto palpar el calor de las llamas y esto quiere decir claramente que los sentidos están en el alma la cual no muere y los órganos de los sentidos están en el cuerpo que vuelve al polvo.

Resumiendo, acerca de este importante tema desde una perspectiva bíblica, santificado/santificación significa ser apartado, dedicado, o consagrado para un propósito santo y sagrado, en una viva relación con Dios. Esto es un proceso continuo de crecimiento en la semejanza a Cristo y una vida apartada del pecado. La santificación implica ser separado del mundo y sus caminos, y ser dedicado a Dios y a su voluntad. Esto no es un evento único, sino un camino de transformación en el que el creyente crece en santidad y semejanza a Cristo a través de la obra del Espíritu Santo. Siempre la santificación se basa en la justificación, que es la declaración de Dios de que el creyente es justo a través de la fe en Cristo y no por sus propios medios.

Es importante que recuerdes que la santificación es un proceso dinámico y activo en la vida cristiana, donde el creyente es apartado para Dios, purificado del pecado y transformado a la imagen de Cristo, todo bajo la guía y el poder del Espíritu Santo.

CAPÍTULO 14

Tu Destino Eterno

Tener vida como ser humano con misterios indescriptibles y tener un destino eterno de gloria y no de horror inexpresable, es un peso que te puede abrumar con temor o llenarte de gloria con gozo y júbilo, que no se puede describir. Ya sea si ocurre uno o el otro depende en gran parte de que sepas o no las respuestas a las inquietudes hacia donde te encaminas y que tan preparado estas para la eternidad.

1 Pedro 2:9 NTV
Pero ustedes no son así porque son un pueblo elegido. Son sacerdotes del Rey, una nación santa, posesión exclusiva de Dios. Por eso pueden mostrar a otros la bondad de Dios, pues él los ha llamado a salir de la oscuridad y entrar en su luz maravillosa.

1. ¿Quién eres?
2. ¿Cómo obtuviste tu identidad?
3. ¿Para qué estás aquí?

Pocas veces encontraras respuestas tan claras a estas tres preguntas como en el texto que acabas de leer, en el hallaras las evidentes respuestas de la Palabra de Dios para ti.

¿Quién Eres?

Es evidente que el Apóstol Pedro se dirige a cristianos con una identidad definida en Cristo, si esta es la razón de lo que son por medio de Él y para Él. Por esta razón están aquí como cristianos. En el texto bíblico antes mencionado se expone cinco modos de describir la identidad, contestando así la pregunta de quiénes somos.

1.- Mas vosotros sois linaje escogido.

Debes de entender que la identidad que aquí se menciona es grupal, la cual se refiere a la iglesia. Aun así, alude también al individuo, porque no se refiere a un linaje racial, el linaje escogido no es ni negro, ni blanco, ni de piel roja ni amarilla ni ninguna otra raza en particular. El linaje escogido se trata de personas nuevas de todos los pueblos, razas, colores y culturas que por ahora son extranjeros y peregrinos en el mundo.

Versículo 11, *"Amados, os ruego como a extranjeros y peregrinos..."*

Lo que te da la identidad no es ni el color, ni la cultura, sino el hecho de ser escogido, los cristianos no son una raza definida; sino son la raza escogida, hemos sido escogidos de cada raza, sin importar a qué grupo pertenecemos. Esta es la razón porque es tan asombro y de importancia particular para cada uno de nosotros; si un "linaje escogido" porque este se compone de hombres y mujeres que se escogieron de todas las razas, para ser alcanzado por la perfecta redención del Cordero de Dios, que quita el pecado.

Así que la primera identidad que tienes es la de ser escogido. Dios te escogió, no fue por motivo de raza, ni por otra condición, solo a Él le ha placido escogerte.

Sin lugar a duda un escogido, aun te es difícil entender el por qué fue así. No había nada en ti o en mí que nos hiciera de más valor que cualquier otro ser humano. No es porque lo has ganado o lo merecías, ni tampoco porque cumpliste con ciertas condiciones o requisitos para lograrlo, es más, fue establecido antes que nacieras. Este es uno más de los misterios de la grandeza y las maravillas de la soberanía del único y verdadero Dios, esto te debe impactar intensamente, por lo cual lo único que te resta es caer a sus pies arrodillado en gratitud por su inmenso amor sin condiciones, el entenderlo te debe de conducir a la fidelidad y obediencia de los propósitos establecidos sobre cada uno de aquellos que han sido escogidos.

2.- Eres parte de un pueblo adquirido.
La palabra **adquirido** tiene que ver con la palabra en griego /peripoiesis/ la cual significa: preservación, posesión y alcanzar. Cuando te escogió Dios, te vio atrapado en el pecado por culpa de tu propia desobediencia y condenado, más Él tuvo piedad de ti. No solamente fuiste escogido; también fuiste adquiridos por Él. No eres solamente

el objeto de su elección, sino también de su misericordia, para ser posesión suya o sea le perteneces. Aun esto lo afirma la Palabra de Dios:

Salmos 33:12 ^{NTV}
Qué alegría para la nación cuyo Dios es el Señor, cuyo pueblo él eligió como herencia.

Te adquirió pagando un gran precio en la cruz, te dio la gracia de Su amor, eres amado por la manifestación sin límites de su amor.

1 Pedro 2:10 ^{NTV}
«Antes no tenían identidad como pueblo, ahora son pueblo de Dios. Antes no recibieron misericordia, ahora han recibido la misericordia de Dios.»

Dios te escogió y lo ha hecho para rodearte con su gran misericordia, se te acercó para ayudarte, perdonarte y salvarte. Recibes la identidad que tienes no en base de tus acciones, sino porque alguien ha actuado sobre ti con piedad y compasión sin límites.

3.- Perteneces a Dios.
Esto se expresa dos veces. Versículo 9: *"Vosotros sois pueblo adquirido para posesión de Dios"*. Versículo 10 *"vosotros en otro tiempo no erais pueblo, pero ahora sois el pueblo de Dios"*. Son escogidos por Dios; a quienes Dios manifestó gracia y favor; y el resultado de todo esto es que Dios te ha tomado como pertenencia propia. Ahora bien, sabes que

absolutamente todo le pertenece a Dios. Así que en cierto sentido tu formas parte de las posesiones de Dios. Entonces esto tiene que referirse a algo especial y por supuesto, lo es, eres la herencia de Dios, aquellos con quienes pasará la eternidad.

2 Corintios 6:16 NTV
¿Y qué clase de unión puede haber entre el templo de Dios y los ídolos? Pues nosotros somos el templo del Dios viviente. Como dijo Dios:
«Viviré en ellos y caminaré entre ellos. Yo seré su Dios, y ellos serán mi pueblo.

4.- Somos llamados a Ser Santos.
"Vosotros sois nación santa". Escogidos por Dios y ahora le perteneces y haz recibido su misericordia; y por esto ya no formas parte, ni perteneces al sistema de este mundo. Fuiste apartado, existes para Él, investido y rodeado por su santidad, por consecuencia así como Él es Santo también lo eres tú. Compartes su carácter, porque él te escogió, por piedad, te adquirió, si no eres capaz de comportarte y conducirte en esta nueva vida de un modo santo, actuaras fuera de su carácter y diseños, actuar así contradices tu naturaleza de cristiano y niegas tu nueva identidad la cual es santidad ante el Señor, si tú ha sido llamado a ser santos, para finalmente ser:

5. Real Sacerdocio.
Fuiste escogido por Dios y Él te alcanzó y ahora le perteneces y eres santos como El mismo es santo y

sacerdote real ante Dios. El primer punto que se destaca es que tienes acceso inmediato y directo a Dios no es necesario tener a otro sacerdote humano como intermediario. Dios mismo ha proporcionado un Intermediario o sea un mediador entre Dios y el hombre; Jesucristo. Y, segundo lugar, desempeñas una función elevada y activa en la presencia de Dios. No has sido escogido, compadecido, hecho posesión suya y santificado solo para pasar el tiempo sin hacer nada. Has sido llamado a ministrar en la presencia de Dios. Ahora cada aspecto de tu vida debe ser dedica a la tarea sacerdotal. No eres llamado para estar afuera de la presencia de Dios sino dentro de ella. Jamás debes encontrarte en una zona neutral, pasiva o indiferente, la vida que ahora llevas es, o bien una vida de servicio en adoración espiritual, o una vida fuera del carácter correcto a tu llamado.

Romanos 12:2 NTV
2 No imiten las conductas ni las costumbres de este mundo, más bien dejen que Dios los transforme en personas nuevas al cambiarles la manera de pensar. Entonces aprenderán a conocer la voluntad de Dios para ustedes, la cual es buena, agradable y perfecta.

Así que puedes ver que la pregunta sobre identidad de **¿Quién soy?**—conlleva hacer la segunda pregunta, **¿Para qué estoy aquí?** Tu verdadera identidad en Cristo te lleva a tu verdadero destino. Recuerda que tú y yo hemos sido escogidos, compadecidos, somos posesión suya y santos. Todo con un propósito el de servir como sacerdotes. Y Pedro describe claramente el corazón de ese ministerio.

¿Cómo has recibido esta identidad? Antes de contestar la pregunta de para qué estás aquí, debes hacer una pausa y responder a la pregunta intermedia: ¿Cómo obtuviste esta identidad? La respuesta es evidentemente notoria, recibes esta identidad de Dios mismo, de hecho la identidad es tu relación con El, es lo que declara Pedro todo esto en un resumen al final del versículo 9. Se refiere a Dios de este modo:

"Aquel que los llamó de las tinieblas a su luz admirable". La luz en la que vives es la luz de ser escogido, compadecido, perteneciente, santificado y sacerdote, llegando a ser así porque Dios te llamó, cambiando todo espectro de tinieblas por luz resplandeciente.

Lo que quiero dar a entender es que la experiencia de caminar en la luz, de ser escogido, experimentar esa identidad, es el efecto del llamado soberano de Dios, afirmando en forma seguro que El mismo te dio la identidad que tienes y posees.

Recuerda que la identidad correcta te conlleva a tu destino eterno. Es evidente que Pedro fue aún más específico cuando te comunica la razón precisa de tu existencia. En el versículo 9 te dice el verdadero motivo que es el siguiente:

1 Pedro 2:9 ᴸᴮᴸᴬ
"...a fin de que anunciéis las virtudes de aquel que os llamó de las tinieblas a su luz admirable".

Este es el destino de un sacerdote real, dar a conocer las glorias del rey. Hoy en la actualidad se menciona de continuo el concepto de una identidad propia.

¿Cómo te ves a ti mismo? Esta es una pregunta importante, para que entiendas plenamente que el enfoque específico desde una perspectiva bíblica es que la genuina identidad cristiana no se define en términos de quién eres como individuo, sino en términos de lo que Dios hace y de la relación que Él crea en ti y del destino que te ha preparado, en resumen como cristiano, no puedes hablar de tu identidad sin hablar de la acción de Dios sobre tu propia vida, la relación de El contigo y del propósito que fue establecido para ti. Por lo tanto es evidente que si desarrollas un verdadero entendimiento bíblico acerca de la identidad propia de un cristiano llegaras a la conclusión que la misma esta radicalmente centrado en Dios y no en el hombre.

Alcanzar la identidad no es la finalidad, sino el medio para la función sacerdotal que Pedro define como la proclamación de la excelencia de aquel quien nos llamó de las tinieblas a su luz admirable. Dios te hizo lo que eres para que puedas proclamar su grandeza al escogerte; por medio de su gracia, teniendo piedad de ti; cubriéndote de su autoridad y poder para que le pertenezca a Él por la eternidad; derramando sobre ti la manifestación de su poder y pureza en hacerte santo.

Por lo tanto, ser cristiano es igual a dar a conocer el esplendor y majestuosidad de su gloriosa presencia, es hora que lo comiences a manifestar en cada área de tu vida a diario, cuando tus acciones muestran la majestad de Dios, las personas escucharán con más entusiasmo, es otro modo más de decir que tu identidad es para el propósito de Dios.

Dios te hizo lo que eres para mostrarle al mundo lo que Él es y para conducirte a una vida eterna, que es la esperanza de gloria que con expectativa debes de esperar.

EPÍLOGO

Entendiendo cuál es tu mayor desafío en esta hora.

Hoy la humanidad vive en una era marcada por avances tecnológicos sin precedentes. La Inteligencia Artificial (IA) ha comenzado a transformar la manera en que trabajas, aprendes, te comunicas e incluso al determinar decisiones.

Como cristiano, enfrentas desafíos únicos en este contexto.

¿Cómo mantenerte fiel a la Palabra de Dios en medio de una cultura cada vez más dominada por algoritmos, automatización y datos, y junto a todo esto una mayor degradación y perversión?

¿Qué dice la Biblia sobre tu identidad, moralidad y propósito en un mundo donde las máquinas simulan comportamientos humanos?

Desafíos Cristianos en la Era de la Inteligencia Artificial

1. El desafío de la identidad y el valor humano.
Uno de los mayores peligros de la era digital es que la tecnología puede reducir al ser humano a un conjunto de datos o comportamientos predecibles. Sin embargo, la Biblia afirma que el valor del ser

humano no se basa en su funcionalidad o productividad, sino en el hecho de que fue creado a imagen de Dios:

Génesis 1:27 *RVR1960*
Y creó Dios al hombre a su imagen, a imagen de Dios lo creó; varón y hembra los creó.

Ninguna máquina, por inteligente que sea, puede replicar el alma humana, su conciencia moral, su capacidad de amar, y su relación con el Creador. Nuestra dignidad proviene de Dios, no de nuestra capacidad para razonar como una IA.

2. El discernimiento moral frente al avance tecnológico
La IA puede ayudarnos a resolver problemas complejos, pero no puede definir lo que es bueno o malo. Las decisiones éticas requieren una brújula moral, y esa brújula solo puede encontrarse en la Palabra de Dios. El apóstol Pablo nos exhorta:

Romanos 12:2 *RVR1960*
No os conforméis a este siglo, sino transformaos por medio de la renovación de vuestro entendimiento, para que comprobéis cuál sea la buena voluntad de Dios, agradable y perfecta.

Por medio de este texto bíblico hay una gran advertencia a todos los fieles cristiano diciendo: No imiten las conductas ni las costumbres de este mundo, porque generalmente son egoístas y a menudo corrompen. Los creyentes sabios llegarán a la conclusión de que mucha de la conducta del mundo no es para nada beneficiosa. Este es el fuerte llamado a tomar sabias decisiones de no conformarte a las tendencias de este mundo, que muchas veces quedan firmemente arraigadas en la mente.

Lo contrario a todo esto es dejar que Dios te transforme en una persona nueva al poder cambiarte la manera de pensar. Solo cuando el poder del Espíritu Santo renueva y te libera de todos tus equivocados pensamientos, colocando los verdaderos en tu mente es que serás transformado, comprendiendo intensamente lo que es la integridad y la pureza.

Como creyente, estás llamado a usar el discernimiento espiritual para evaluar las implicaciones morales del uso de la tecnología. No toda innovación es neutra; muchas veces trae consigo valores contrarios al evangelio.

3. La tentación de reemplazar la sabiduría divina

Con el crecimiento de la IA, existe la tentación de confiar más en la información generada por máquinas que en la sabiduría de Dios. Si bien la tecnología puede ser útil, no puede sustituir la guía del Espíritu Santo ni la autoridad de las Escrituras.

Proverbios 3:5-6 RVR1960
Fíate de Jehová de todo tu corazón, y no te apoyes en

tu propia prudencia. Reconócelo en todos tus caminos, y él enderezará tus veredas.

Debes de recordar que ninguna inteligencia creada por el hombre puede compararse con la sabiduría eterna del Creador. El cristiano debe mantenerse firme en la dependencia de Dios, no de los algoritmos.

4. El uso responsable de la tecnología

La tecnología en sí no es mala; es una herramienta. Pero como cualquier herramienta, puede usarse para el bien o para el mal. Nuestra responsabilidad como cristianos es utilizarla para glorificar a Dios y servir al prójimo.

1 Corintios 10:23 RVR1960
Todo me es lícito, pero no todo conviene; todo me es lícito, pero no todo edifica.

La era de la Inteligencia Artificial presenta grandes oportunidades, pero también profundos desafíos espirituales. Como cristiano, no puedes quedarte pasivo ni dejarte arrastrar por la corriente del mundo. Debes mantener tu identidad en Cristo, ejercer un discernimiento bíblico, depender de la sabiduría divina y usar la tecnología para la gloria de Dios. Tu esperanza no está en el progreso humano, sino en el Rey de reyes, que gobierna sobre toda creación, incluso sobre la tecnología.

Reflexión Final

No temas al futuro, ni a las máquinas, ni a los cambios de esta era. Recuerda que ninguna inteligencia artificial podrá amar, orar, ni tener comunión con Dios. Solo el ser humano, redimido por la sangre de Cristo, tiene ese privilegio. En medio del ruido ensordecedor de lo digital, que tu fe sea la voz que permanece firme.

Jesucristo es el mismo ayer, hoy y por los siglos (Hebreos 13:8).

Bibliografía

Biblia Plenitud. Versión Reina-Valera, Revisión 1960, ISBN: 089922279X, Editorial Caribe, Miami, Florida.

Strong James, LL.D, S.T.D., *Concordancia Strong Exhaustiva de la Biblia*, Editorial Caribe, Inc., Thomas Nelson, Inc., Publishers, Nashville, Tennessee - Miami, FL, EE.UU., 2002. ISBN: 0- 89922-382-6.

Vine, W.E. *Diccionario Expositivo de las Palabras del Antiguo Testamento y Nuevo Testamento.* Editorial Caribe, Inc./División Thomas Nelson, Inc., Nashville, TN. ISBN: 0-89922-495-4, 1999.

Vine, W.E. Diccionario Expositivo de las Palabras del Antiguo Testamento y Nuevo Testamento. Editorial Caribe, Inc. /División Thomas Nelson, Inc., Nashville, TN, ISBN: 0-89922-495-4, 1999. (Vine's Expository Dictionary of Old and New Testament Words, Thomas-Nelson, Inc.)

La Biblia de Referencia Thompson, Versión Reina- Valera 1960 copyright © 1987 The B.B. Kirkbride Bible Company, Inc. Y Editorial Vida, Miami, FL. ISBN: 0829714448 (original The Thompson Chain Reference © 1983 The B.B. Kirkbride Bible Company, Inc., Indianapolis, Indiana.)

Blue Letter Bible. Sowing circle. ‹http://blueletterbible.org›

"Beyond the Porn Phenomenon." *Pure Desire Ministries*, puredesire.org

"Covenant Eyes." *Covenant Eyes*, covenanteyes.com.

*RVR1960 *Biblia de Estudio Spurgeon*, B&H Publishing Group, 2017.

*NTV – Nueva Traducción Viviente, *Santa Biblia*, Tyndale Publishing, 2025